这些独刺天下的纯爷们，以血性人生，在江湖弄堂描下了一抹悲壮的色彩。他们是暗夜的穿行者，无情的代言人，然而在历史的大幕下，他们营造的神秘中又隐藏了多少豪情和无奈……

断肠刀客◎著

独刺天下：历代刺客都是纯爷们

团结出版社

图书在版编目（C I P）数据

独刺天下 ：历代刺客都是纯爷们 / 断肠刀客著. --北京 ：团结出版社，2012.6
ISBN 978-7-5126-0951-8

Ⅰ. ①独… Ⅱ. ①断… Ⅲ. ①长篇历史小说－中国－当代 Ⅳ. ①I247.5

中国版本图书馆 CIP 数据核字(2012)第 114077 号

出　版：团结出版社
（北京市东城区东皇城根南街 84 号　邮编：100006）
电　话：（010）65228880　65244790 （出版社）
（010）65238766　85113874　65133603（发行部）
（010）65133603（邮购）
网　址：http://www.tjpress.com
E-mail：65244790@163.com（出版社）
fx65133603@163.com（发行部邮购）
经　销：全国新华书店
印　装：三河市东方印刷有限公司

开　本：170X240 毫米　1/16
印　张：20.25
字　数：221 千字
印　数：7000
版　次：2012 年 8 月　第 1 版
印　次：2012 年 8 月　第 1 次印刷

书　号：978-7-5126-0951-8/I・706
定　价：35.00 元

序言

闲话刺客

上官人

中国其实是一个“刺客文化”欠发达的国家，表现在历朝历代的高层统治者，罕有被刺客刺杀身死的。除了秦始皇受了惊吓，明朝一个嘉靖皇帝的遇刺未遂以及民国初年一个还没上台的“准总理”宋教仁，好像再难找出来。

但这并不等于说中国没有刺客文化的传统。只是因为，中国历史上最有名的刺客，都出现在春秋战国时代，距今都有两千几百年了。这是一批生活在民间、不图富贵、崇尚节义，身怀勇力或武艺的武士。他们与某些权贵倾心相交，为报知遇之恩而出生入死，虽殒身而不恤。不知道这是一种巧合还是历史文化的特征所决定的，反正我倾向于后者。那个时代的中国人，有一种风气，就是把名节看得比生命重要得多。这从最有名的六个刺客身上都可以明显看出来：

首先是曹沫。曹沫，鲁国之大将，在鲁国这个礼仪之邦，接受了“忠孝仁义”的熏陶，虽然儒家还未出现，但是这一思想，在鲁国

早已根深蒂固。“忠君”是曹沫变成刺客最直接的因素，在面对齐国大军之时，曹沫三战皆败，而鲁庄公并不怪罪，继续重用。为报主恩，即使献身，亦在所不惜。故而，曹沫成了历史上第一个刺客。这个人，现在一般的中学生都知道，但可能都以为是个足智多谋之士，不知道其实是个亡命徒。

底下这三位也都是成功的刺客——刺杀吴王僚的专诸，刺杀韩国相傀的聂政，刺杀公子庆忌的要离，剩下的两个便都是失败的例子，出了两个悲剧性的英雄：豫让刺赵襄子，荆轲刺秦王。荆轲刺秦王的故事已经被炒作得太多，而豫让刺赵襄子的故事，更具有悲剧美学韵味。故事发生在“三家分晋”之后。豫让本是晋国大族智伯家的门客，智伯家族在晋国的内部斗争中最终失败，韩、赵、魏三家成了胜利者。豫让便立志为原来的主子智伯报仇，伺机刺杀仇敌赵襄子。为了设法接近赵襄子，豫让采用自残的手段，漆面以易容，吞炭以变声，但每次都被识破，又每每得到宽恕，最后一次，豫让请求赵襄子脱下锦袍，让他刺上三剑，也算了却为主报仇的心愿。赵襄子感其诚，答应了，随后豫让留下“士为知己者死，女为悦己者容”的名言后，伏剑自杀。

吴国的专诸也是一名豪杰。据《吴越春秋》记载，伍子胥从楚国流亡到吴国途中，见“专诸方与人斗，将就敌，其怒有万人之气，甚不可当”。伍子胥知道专诸是一位敢于赴难的勇士，就与之结交。当时，吴玉僚违背了兄位弟嗣、弟终长侄继位的祖规，贸然接替父位。吴王僚的堂兄公子光本应继位，因而心中不服，暗中伺机夺位。伍子胥便将专诸推荐给公子光。公子光厚待专诸。九年后，吴军主力远出，公子光见时机已到，便请专诸出马行刺吴王僚，

并表示会照顾好专诸所牵挂的“老母弱子”。

吴国另一名勇士要离允诺替吴王阖闾(即公子光)去行刺吴王僚之子、“万人莫当”的勇将庆忌。他设计假装得罪吴王,妻子被杀,右手被断,仓皇出逃,从而取得庆忌信任,伺机刺死庆忌。纯粹刺客的出现,正如章太炎所分析的:“天下乱也,义士则狙击人主,其他藉交报仇,为国民发愤,有为鸥枭于百姓者,则利剑刺之,可以得志。”这正是侠的品格。

从春秋战国时期开启刺客文化的滥觞之后,历代刺客大多是围绕家国情仇,在“仁”和“义”上对刺客文化做一些所在时代内容的替换和内涵延展。

2012 年 4 月于北京酷车小镇

目　　录

要离设计了一出苦肉计,诈得罪出奔,阖闾取其妻子,焚于市。他忍着撕心裂肺的痛,只为完成刺杀任务。他见到公子庆忌后,说:“阖闾无道,王子所知。今戮吾妻子,焚之于市,无罪见诛。吴国之事,吾知其情,愿因王子之勇,阖闾可得也。何不与我东之于吴?”他顺利地打动公子庆忌,最终在途中刺死他。

豫让为报智伯之仇,遵循着“士为知己者死”的信条,吞炭毁容,放弃一切。不过,因其并非绝世高手,且赵襄子的防卫森严,其无机可乘。豫让临死都坚定着“士为知己者死”这一信条,他放下一个刺客的尊严,坚守着作为智伯国士的身份,恳求赵襄子脱其衣,让他刺上三剑,以慰智伯于九泉。最终,他跃起,刺衣三下,然后自刎而死。

听说聂政是一个武林高手,严仲子就带着银子过来请聂政了。但是聂政并不买账,他也没想过走入杀手这一行,他觉得搞点儿小本经营,养活一家人就够了,没有

必要弄得去卖命。

聂政当时就表示，我家里有七十岁的老母，还有一个未出嫁的姐姐，我要打工挣钱去养活他们，像暗杀这种高风险的事情，我现在是不会做的。

秦国政府的人一看就傻眼了，没想到朱亥连老虎都能吓得住。没办法，他们只能囚禁朱亥，希望可以慢慢软化他。但是朱亥是一个真性情的男子汉，他想在牢中撞柱而死，但是柱子被撞断，他都没死。他只能用手拧断自己的喉咙，以此了结自己的性命，以显示他对信陵君的忠心，显示他的忠义。

几经坎坷，荆轲最终经田光举荐，成为燕太子丹的门客。燕太子丹待荆轲如国士，在秦军兵临易水之滨时，太子丹急忙派遣荆轲与秦武阳前去秦国，谋刺秦王嬴政。

荆轲以情说服秦将樊於期，樊於期为报太子丹知遇之恩，自刎而死。随即，荆轲带着樊於期的首级和燕国督亢地图，前往秦国。

高渐离是旷世奇才,嬴政舍不得杀他,故而熏瞎他的双眼,让他安分点。但是,高渐离并没有选择苟且偷生,对于他来说,"士为知己者死"是一生的信条,付出双眼不能成功,那么就献出生命。在最后一次击筑中,他视死如归,用筑砸向嬴政。只不过,他还是没能成功。

嬴政也清楚,六国余孽尚多。为了震慑六国余孽,嬴政统一六国之后,便借机东巡,名为考察民情,确立合法、正统地位,实则是打压六国余孽。

但是,嬴政的这一冒险出巡,也给六国残余势力以复仇机会。张良,这个韩国贵族后裔,便趁机在嬴政东巡途中,刺杀于他。

元子攸(507 年—530 年),北魏孝庄帝,宗室子,颇有声望,尔朱荣兴兵南下时,暗中与元子攸交好,意欲立其为帝。元子攸也欲做出一番事业,重整大魏河山,两人一拍即合。公元 528 年,尔朱荣制造了"河阴之变",胡太后及一干人等全都被杀,元子攸被立为帝。但被立为帝的元子攸,并未掌握实权,实际上成了尔朱荣的傀儡。但元

子攸心比天高,不甘心屈人膝下,于是他亲自谋划了一场大刺杀。

刺客园净,是一位老和尚。其实,将他划归为僧人行列并不准确,他只是名义上的和尚,实际上并不是。他真正的身份是藩镇李师道的门客,随时为李师道杀人放火的人。

园净,出家之前的姓名不可考,只知道他曾经参与过安史之乱,是叛军中的一名小士兵。安史之乱被镇压后,他的活路被截断了,他只能一个人出来流浪天涯。

李训,陕西人,祖父皆为唐朝宰相。其身材魁梧、神情洒脱,才思敏捷,尤其善揣人意。郑注,山西人,善词辩,精医术,后与李训相交。时人称其"敏悟过人,博通典艺,棋奕医卜,尤臻于妙,人见之者,无不欢然。"然而,这两个精通词辩的人,是怎样在宦官权势熏天之时,转身为刺客,设计刺杀的呢?

冯廷谔是朱友珪的心腹兼侍卫，整个过程他都相随。冯廷谔，出生年不详，早年胸怀大志，故发奋习武，立志在唐末乱世中闯出一番天地。后因其武功高绝，聪慧过人，为年轻的朱友珪所赏识，并调到身边，视其为亲信。

这一切对于冯廷谔来说，乃知遇之恩，万死不足以报。故冯廷谔终其一生，只效忠朱友珪一人，万死不辞。

耶律璟的所作所为，让整个辽朝陷入了恐慌之中，上至百官、下至侍卫宫女。正是在这种恐慌之中，辛古举起了他的正义杀猪刀。

辛古，出生年和卒年皆不可考，只知道他是一名厨子，后来因不满辽穆宗的所作所为，置生死于不顾，背着弑君反叛的罪名，杀死了辽穆宗耶律璟。

这一事情的经过又是怎样的呢？

施全，出生年不详，早年随岳飞南征北战，沐浴于南宋初年的战火之中，性情比较急躁，敢作敢为。

岳飞死后不到九年，绍兴二十年（1150），施全藏刀临安一座桥下，伺机刺杀秦桧，未果，刚毅不屈，被杀。

真实的施全又是怎样的呢？

吴曦叛变后,四川地区完全受吴家军掌控,在这样的情况下,义士杨巨源、李好义置生死于度外,冒着灭族的危险,暗中聚集义士,商讨平叛事宜。最终,二人带着百十义士,冲进吴曦的宫殿,杀死吴曦。

杨巨源、李好义皆为四川人,年少有大志,尽职尽责,效忠国家。故吴曦叛乱后,他们第一时间站到了其对立面。然而,故事究竟是怎样的呢?

"造铁锤,杀奸贼!造铁锤,杀奸贼……"一个低微的声音附和着兵器的声响。一个男人穿着单薄的衣服,在一个小草屋里打造着铁锤,听他的口气,估计是要造反了。

此人名叫王著,是元朝的一个中级官员,有千户头衔。这头衔,按照现在的算法,差不多应该是团长或者是旅长级别。一个政府官员,为何深夜打造兵器,他想干什么?谁又是他口中所说的奸贼呢?

壹:曹沫
——他杀出了一个行业

曹沫,鲁国大将,在齐鲁大战中,鲁国胜利时,从来都没有见过他的名字,他的出身和来历都很神秘,不知道他是继承老爸的遗产,还是自己奋斗成了一个大将。不管怎样,他绝对不是什么天才军事家,相反,他是一个比较平庸的人。但正是这样一个平庸的人,后来却做出了一件惊天动地的大事。

▶前　　言

春秋战国是中国历史上最特别的一个时期，在政治上，先后出现了春秋五霸、战国七雄，诸侯国林立；在经济上，铁制工具开始使用，农业生产力提高，人们摆脱了原始的低效率的生产方式；在文化上，百家争鸣，十分繁荣。正是在这样的环境中，中国第一个真正的刺客诞生了，此人名叫曹沫，是鲁国的一名将军。

鲁国，春秋年间的一个不容小觑的国家，在周公旦分封之时，鲁国可是周公的地盘。周平王东迁之后，不管周朝礼崩乐坏到什么程度，鲁国一直是维持周礼最好的地方。而正是在这样一个地方，出现了第一个刺客。

周平王东迁之后，周天子的权力与威望都已下降，诸侯国成了真正的主角，诸侯国国君都想成为天下共主。在这样的历史大背景下，齐鲁两国之间战争不断，而齐国一直是诸侯国中国力最为强盛者，故齐鲁大战，鲁国多有失利者。

曹沫，鲁国之大将，在鲁国这个礼仪之邦，接受"忠孝仁义"的熏陶，虽然儒家还未出现，但是这一思想，在鲁国早已根深蒂固。"忠君"是曹沫变成刺客最直接的因素，在面对齐国大军之时，曹沫三战皆败，而鲁庄公并不怪罪，继续重用。为报主恩，即使献身，亦在所不惜。故而，曹沫成了历史上第一个刺客。

▶Part 1

真假曹沫、鲁国大将
——鲁国恩仇、为主分担

曹刿有没有坑爹，过一会儿就知道了。齐国终于按捺不住擂响了第三次战鼓，这一次，他们也都不管鲁国这边是怎么了，全线进攻。嗑药没醒，是你鲁国人的事，齐国人不管了。

但，他们错了，鲁国人没嗑药，他们有可能是打了兴奋剂。就在这时，鲁国的主帅下令擂响了战鼓，鲁国士兵玩命似的往前冲。

1. 身份不明、真假难辨——神奇传说、只是传说

关于曹沫，历史记载得并不多，正是在这不多的史料记载中，

还具有争议。最大的一个争议就是,曹沬到底是何许人?

有人说曹沬就是曹刿,历史上有名的曹刿论战就是此人。曹刿论战这篇课文在中学的时候都学过,就是关于齐鲁的长勺之战,曹刿提出了"一鼓作气,再而衰,三而竭"的论调,在历史上留下了赫赫大名。

在历史上,有很多人主张这种观点。但还是有一些人不同意曹沬就是曹刿之说,原因很简单,因为曹刿是历史上有名的军事家,单凭上面的一条军事理论,他就已经跻身中国古代有名的军事家之列,应该说他打仗多有胜战才是。

但事实并不是如此,曹沬是一个庸将,史料记载,他与齐国三次大战都以失败告终,就算是搞一个一比二挽回一点儿颜面也行,但曹沬被齐国横扫。因此,有人认为曹沬和曹刿是两个不同的人。

历史上留下来的问题就是公案,永远都不可能有最终的答案,后来的人就算提出再多的证据都是瞎编,因为没有人知道当时的历史。谁就敢肯定曹刿就是曹沬呢?谁又能一口否定曹刿不是曹沬呢?

所以,历史这东西,公说公有理,婆说婆有理,就看读历史的人相信哪一种说法了。

怪只怪那时候没有什么身份证,如果有这么一个东西,后来的人也就不会对他的身份提出质疑了。

幸好,曹沬到底是不是曹刿跟我们要说的内容没有什么特别的关系,我们只要清楚曹沬其实是一个庸将,至少他在以"曹沬"身份出现时,并没有什么辉煌的战果,只留下一个刺客身份而已。

任何一个人并不是生来就是刺客的,刺客和恐怖分子有一定

的相似之处，都需要一个外力的作用，促使一个人变成刺客。

曹沫究竟是怎样变为刺客的呢？

2. 主子恩仇、国家大战——鲁国大将、碌碌无为

这还要从齐鲁之间的关系说起，因为曹沫是鲁国的大将，而后来曹沫行刺的人物——齐桓公，正是齐国最有名的国君。所以，必须从齐鲁两国的恩怨说起。

齐桓公即位之前，被称之为公子小白，他并没有什么太大的雄心与抱负。不过，他的老师鲍叔牙倒是一个很特别的人，经常给小白灌输一些“邪恶”的思想，使得小白对国君之位抱有很大的幻想。

他是齐襄公的弟弟，照理来说没什么机会继承国君之位。但是齐襄公死后，齐国陷入了混乱的局面，公子们都有机会成为齐国的国君。在当时，有两个人最具可能性：一个是公子小白；还有一个是公子纠。

不过，公子纠的可能性要更大一点儿，一来公子纠有一个好老师——管仲；二来他有一个好舅舅——鲁庄公。

这么得天独厚的条件，公子纠不即位那简直就见鬼了。鲁庄公也是一个不安分的主，在春秋初期，谁都想成为霸主，谁都想扩充地盘，鲁庄公也不例外。见齐襄公死后，姜子牙先生的后代们为争夺遗产弄得反目成仇，齐国一片大乱。鲁庄公自然是支持自己的舅侄儿为合法继承人。

齐襄公刚去世，公子纠和老师管仲就跑到了鲁国来借兵，想打

回去，继承国君之位。

远水难救近火，谁知道公子小白和老师鲍叔牙当先一步，首先返回齐国，继承了国君之位。因为也是合法继承人，加上齐国的上层都不想国家继续混乱下去。所以，公子小白的即位并没有遇到太大的阻力。

公子纠一看没戏了，就躲在鲁国不敢出来了。因为小白要铲除后患，不能留公子纠于世上。

这样，齐鲁之间的第一次矛盾就这样产生了。

小白不断在边境屯兵，逼迫鲁庄公将公子纠交出来，不然就兴兵攻打鲁国。小白什么都不怕，毕竟齐国的综合国力要远远强于鲁国。虽然鲁国是礼仪之邦，直接继承了周公的文化遗产，保存着周朝的一些最原始的文化礼仪。但是这顶个屁用，周公并没有留下丰厚的战略资源，军费开支也都是算了又算，生怕用多了，国民经济扛不住。齐国就不同了，滨海之地，商业发达，加上自姜子牙老先生之后，几代君主的努力，齐国的国力大增，渐渐地在诸侯国中占据领先地位。因此，齐国打鲁国，那就跟玩似的。

鲁庄公把重臣们都召集到一起召开御前会议，商量对策。小白的观点很明确，不杀公子纠，齐国就出兵。权衡利弊之后，鲁庄公最后还是亲手干掉了自己的亲舅侄儿。

小白一见鲁庄公还真下得了手，苦于没有出兵的理由，只得暂时放弃攻打鲁国的企图。然后他老师鲍叔牙又递出了辞呈，说是管仲更胜自己一筹，齐国想要进一步壮大国力，就要把管仲同志请回来当军师。

小白同志在刚开始怎么都不同意，因为在他和公子纠争夺国

君之位时,管仲为了帮公子纠的忙,一箭差点儿射死了他,要不是他后来顺势落马,在地上装死,说不定都已经被管仲给干掉了。

把敌人请过来当军师?小白在之前想都不敢想。还是鲍叔牙有气度,他说管仲之前是公子纠的下属,他当然一心帮自己的主人,这是值得奖励的。管仲的才能天下罕见,如果把他请过来,齐国不出几年,一定成为天下最强盛的国家,您也会是天下的霸主。

小白听得很爽,就听了鲍叔牙的忽悠,向鲁国发话要人,批准鲍叔牙的辞职。

齐国的通牒再次传到了鲁国,鲁国君臣再次愤慨,但是唯恐国力不支,只能忍气吞声。加之,鲁庄公也不怎么看好管仲,他想,如果管仲真的有能力的话,当初公子纠就已经继承齐国国君之位了,怎么会还有后来的事儿。所以,鲁庄公不顾群臣的反对,将管仲送还给齐国。

过了一年有余,小白同志内心再次蠢蠢欲动,他一直都想要兼并鲁国。谁让鲁国挨着他呢,两个国家都处在山东那块地方,山东号称是齐鲁之地,也就是这么个原因。他不顾管仲的反对,兴兵攻打鲁国。

刚开始齐国连连胜利,小白很是欣慰,他觉得自己的决策是对的。事情的转机就发生在鲁国出现了一个名叫曹刿的家伙之后。

曹刿,其人来历不详,唯一可以肯定的是,他不是什么外星人,他是鲁国人。之前好像是一个农民,先不说在整个周朝,就算是在鲁国都没有一点儿名气。在鲁庄公求言的过程中,他积极进言,一举打动了鲁庄公。于是,曹刿亲自指挥了齐鲁的长勺之战。

地点:长勺;交战双方:齐鲁;历史人物:齐桓公,鲁庄公和

曹刿。

齐国一如既往地霸气，丝毫不把鲁国军队放在眼里。两边的阵势才刚刚摆好，齐国的大力士们就擂响了战鼓，无数面战鼓同时敲响，震天彻地。齐国的士兵听了血脉贲张，个个怒发冲冠。

第一次击鼓过后，齐国的士兵个个大声叫嚷着杀。可是令他们吃惊的是，鲁国的士兵们竟然一点反应都没有，也不擂鼓助威，这到底是怎么回事？难道都被吓傻了？也不至于啊！

于是，齐国的主帅再次让大力士擂响了战鼓，第二次助威。士兵们还是呐喊，挥舞着手中的青铜剑。但是，鲁国那边还是没什么反应。个个都跟嗑药没醒似的，一点儿精神都没有，根本就不像是来打仗的士兵。

实际上，鲁国的士兵也都郁闷了，主帅今天是怎么了？敌人都已经擂鼓两次了，眼看着就要进攻了，自己这边竟然一点儿动静都没有，难道说等着敌人的进攻？士兵们都在心里暗骂：坑爹呢！

曹刿有没有坑爹，过一会儿就知道了。齐国终于按捺不住擂响了第三次战鼓，这一次，他们也都不管鲁国这边是怎么了，全线进攻。嗑药没醒，是你鲁国人的事，齐国人不管了。

但，他们错了，鲁国人没嗑药，他们有可能是打了兴奋剂。就在这时，鲁国的主帅下令擂响了战鼓，鲁国士兵玩命似的往前冲。

双方交战，鲁国胜。

这一战成就了默默无闻地曹刿同志，他也适时地提出了“一鼓作气，再而衰，三而竭”的论断，被历代军事家封为圭臬。

但这一战后，曹刿突然从人间消失了，历史上再也没有任何一点儿关于他的记载了。难道说是功成身退？没道理啊，他刚成名，

鲁国也正是需要人才的时候,怎么这么快就隐退了呢?如果不是隐退,那他的身影呢?

不管怎样,后来鲁国就是没这个人了,反倒是曹沫出现了,所以,他们之间到底有什么关联,只能是仁者见仁智者见智了。

小白在这一次失败之后,意识到自己的鲁莽,并且给管仲同志道歉,表示以后好好发展国民经济,等综合实力都提上去了,再称王称霸。一个能者,一个成大事的人,一定要学会忍耐。

管仲是一个相当具有经济能力的人,他把自己的潜力全都发掘出来,把所有的精力都用在国民经济的建设上,短短几年的时间,齐国的经济就得到了空前的发展。成为了当时的发达国家,傲视群雄。

曹沫,鲁国大将,在齐鲁大战中,鲁国胜利时,从来都没有见过他的名字,他的出身和来历都很神秘,不知道他是继承老爸的遗产,还是自己奋斗成了一个大将。不管怎样,他绝对不是什么天才军事家,相反,他是一个比较平庸的人。但正是这样一个平庸的人,后来却做出了一件惊天动地的大事。

历史告诉我们,一个人平庸不要紧,重要的是,要把握住历史赐给我们的机遇,做一个无所畏惧的人。

▶Part 2

屈辱盟会、败军之将
——沉着冷静、一己退敌

曹沫主动请缨是需要相当大的勇气的，他三战皆败，不仅鲁国上下看不起他，他在国际上的名声也坏到了极点。仿佛他的额头上写了一个“败”字。他原本可以退居幕后，不去管什么议和的事儿。但他是一个纯爷们，自己造下的孽要自己还。战争是他打败的，在所有人都不看好他的情况下，鲁庄公却依旧任命他为大将，这是何等的优宠。男子汉大丈夫，敢作敢当，无论在会盟上发生什么，他都必须去。

1. 强悍敌人、三败将军——流言蜚语、能屈能伸

齐国强大之后,小白同志终于可以做自己梦寐以求的事了。正好当时北边出现了几个少数民族,以犬戎为首,当年害得周平王东迁,就是这一支少数民族在作怪。于是,小白提出了“尊王攘夷”的口号,意思就是说,我极力拥护和辅佐周天子,扫平夷狄。天下的各路英雄们,你们都要听从我的号令,我们这是在给周天子办事。

春秋时期,周天子还有那么一点点威望,有那么一点儿利用价值,所以,称王的各位仁兄们,首先都要拿周天子说事。后来称王的仁兄们,也就直接引用了小白的“尊王攘夷”的口号。

中国人从古就喜欢提口号,因为这东西能激励人心,能号召人。所以,领导人们都喜欢这么搞,搞成习惯了,后来的人也就一直这么搞。而这些都是小白同志开的好头啊!

口号够响亮,加上齐国有超强的实力,小白很快成为天下的霸主。成为霸主之后,他也经常干一些干涉别国内政的事儿,对哪国领导人看得不顺眼了,也来一个斩首行动,把这个国家的政府给推翻,有时候直接兼并这个国家。

小国们不敢吱声,因为打不赢。大国们也不吱声,因为他们也在干这种事。所以,小白心安理得地做霸主。

齐桓公五年(前681年),小白邀请宋、陈、蔡、邾四国国君在齐国的“北杏”会盟,旨在协力平息宋国内部争夺君位的变乱。有点

儿类似于今天美国搞的什么“北约”之类的，反正就是开会商讨对策。齐国是东道主，也是老大哥。在开会之前，小白给遂国的国君和鲁国的国君分别写了一信封，邀请他们也来参加会盟。可是，他们并不给老大哥面子，一口拒绝了。这让小白很没面子，憋了一口闷气。

“北杏会盟”刚结束，小白就发出了攻打遂国的命令。齐国以优势兵力，一举吞并了遂国。

吞并遂国之后，下一个目标就对准了鲁国。遂国之所以不去参加“北杏会盟”，就是因为其背后的支持者是鲁国。而鲁国的鲁庄公一直对齐国怀恨在心，找各种机会和齐国唱反调。

若说鲁国还有一点儿实力唱唱反调，那么遂国就是自寻死路，连一点儿威胁老大哥的核心技术都没掌握，还敢和老大哥唱反调，这不是找死是什么？有本事你就掌握一点儿核技术什么之类的，让老大哥对你投鼠忌器，这样才有嚣张的资本。遂国没有资本，但又嚣张了，所以只能被灭。

小白早就看不惯鲁国了，他心里清楚，国际上的多股反齐势力，实际上都是鲁国在背后支持。不除掉鲁国，齐国永远都不可能有一个安稳的后院。

在这种思想的指导下，齐国的大军杀向了鲁国。

鲁庄公任命一向勇猛的曹沫率兵迎战，曹沫这人是一个愤青，由于鲁庄公经常被小白欺负，所以曹沫经常发表一些针对小白的激烈言论，巴不得亲手擒住小白，剥他的皮吃他的肉。鲁庄公很欣赏他的英勇和才气，所以齐鲁大战爆发后，曹沫成了鲁国的主帅。

但是曹沫只是嘴皮子功夫厉害，真正上了战场之后，才知道他

说的比唱的好听。三战皆败。

怎么办?

面对这样的窘境,鲁庄公一面向齐国发出了求和的要求,一面安抚曹沫,表示胜败乃兵家常事,不要太在意。不知鲁庄公心里是怎么想的,一个打了三次败仗的将军,还留着何用?

齐国虽然不停地打胜仗,但是战争毕竟是非理智性举动,加上管仲也不怎么赞成继续攻打鲁国。所以,小白答应了鲁庄公的求和请求。

双方决定在柯地举行会盟。在挑选护卫的时候,鲁庄公煞费苦心,但是举朝上下没有一个愿意跟着他去。除了一些保镖之外,鲁庄公还要有一位大臣跟着自己。没有人主动请缨,鲁庄公表示很失望。就在这时,曹沫出来说话了,他愿意只身护卫鲁庄公去赴约。

鲁庄公虽然心里不怎么乐意,但是在无人可选的情况下,他只能带这个常败将军一起去。

曹沫主动请缨是需要相当大的勇气的,他三战皆败,不仅鲁国上下看不起他,他在国际上的名声也坏到了极点。仿佛他的额头上写了一个"败"字。他原本可以退居幕后,不去管什么议和的事儿。但他是一个纯爷们,自己造下的孽要自己还。战争是他打败的,在所有人都不看好他的情况下,鲁庄公却依旧任命他为大将,这是何等的优宠。男子汉大丈夫,敢作敢当,无论在会盟上发生什么,他都必须去。

不论是鲁国国内的流言蜚语,还是国际上的嘲笑,曹沫都忍了,大丈夫能屈能伸,三次败战、几番流言蜚语就能打倒的人,称不

上男子汉。他主动请缨，随主赴会，只为挽回男人的尊严。

在柯地，小白早已经布好了特种部队，他的护卫个个看起来都是绝顶高手。而鲁庄公作为战败国国君，只能带为数不多的护卫，这样才能显示自己的诚心。

鲁庄公在小白的面前表现得极为谦恭，虽然小白是他的晚辈，但是成者王败者寇，这是人世间永远不变的潜规则。

小白虽然也和他寒暄了一阵，表现得很友善，但鲁庄公深知，小白是一只披着羊皮的狼，这王八蛋没有人性。还不知道小白想要得到什么好处，不过他已经打算把遂邑之地割给齐国。

歃血为盟的祭坛已经准备好，各种犒品也已准备妥当，剩下来的事，就由小白和鲁庄公这两位主演来完成了。

在那一刹那鲁庄公抢了足够的镜头，他的脸上的表情在片刻之间变换了一千七百种，而小白的脸上仅有一种虚伪的笑。小白和管仲从右边走上盟坛，鲁庄公和曹沫从左边。

那一刻，看着地下黑压压的一片齐国士兵，一种说不出来的痛苦滋味差点将曹沫淹没。

他是一个有自尊的男人，在那一刻，他像是被什么东西附体般，他要把在战场上所失去的尊严都拿回来，一次性拿回来！

怎么拿？唯一的办法就是在祭坛上面搞点儿动静出来，也就是劫持齐桓公。

2. 惊天举动、劫持齐王——舍命不顾、收复失地

劫持战胜国的领导人，这是一个危险的活儿，而且也不是一件简单的事，事成了该如何？失败了又该怎样？这些都要考虑清楚。但是曹沫没有时间去思考那么多，他要报恩，三战皆败，鲁庄公并没有怪他，“犹复以为将”，他做梦都想报答庄公的这份恩情。于公，他必须搞这次恐怖袭击，为国争光；于私，他要挣回失去的尊严，男子汉大丈夫不能一生都忍受失败之辱，他必须做点什么。

祭坛上的士兵擂响了大鼓，会盟正式开始，管仲是主持人，齐桓公和鲁庄公是两个当事人，曹沫只是一个跟班，眼睁睁地看着这一切。

两位当事人焚香向天而拜，曹沫的内心还在拼命挣扎，他该不该现在就动手？

随着管仲庄严地“礼成”之声落下，曹沫猛然意识到，要是现在不动手就再没有机会了。

就在那一刹那，曹沫从怀中掏出匕首，一个箭步就到了齐桓公身旁，匕首架在了齐桓公的脖子之上。所有的人都傻了眼！曹沫完全豁出去了，他出手之时，已将生死置之度外。

他心里清楚，就算是他成功劫持小白，一旦他放开小白之后，说不定会被齐国士兵乱刀砍死。但是，作为鲁国的大将，他不能因保命，而让鲁国丧失大片土地。既然这样，那么他就用一己之命，换回鲁国的土地，为国尽忠，此方为大丈夫所为。

坛下的齐兵们霎时间都拔出了随身佩戴的武器，随时准备进攻。只可惜那时候没有狙击手，要不然曹沫被狙死了都不知道。也是小白和管仲太大意了，怎么说也是两国最高领导人会面，怎么连最基本的安检都不到位。竟然还有人怀揣凶器站在领导人的身边，这一个举动就给齐国的反恐系统敲了一个警钟。

"你干什么？"小白也没明白到底是怎么回事？

站在对面的鲁庄公脸也吓得煞白，鲁庄公实在没想到曹沫会走这一步，这娃的自尊心竟然被打击成这样了。但是，他也相信曹沫的这一举动是有目的的，在没有搞清整个事情之前，他不会随便命令曹沫放下匕首的。所以，他又开始装傻，眼珠子定格，眼睛里面的白与黑的比例一直保持一致，简单地说就是，鲁庄公假装吓傻了。

这么高难度的演技，鲁庄公不拿几个影帝的头衔就实在没天理了。鲁庄公吓傻了，管仲也差点儿就吓傻了。不过，他很快便意识到自己不能傻，又醒了过来，装作很镇定的样子，问曹沫到底想要什么，他还是力主和平解决事变，毕竟领导人现在被扣着，随时丧命。谁知道这王八蛋曹沫到底想干什么，万一他的手不小心颤抖一下，那小白同志就立马下去见公子纠了。

管仲又向鲁庄公投去了求救的目光，谁知这货到现在都还愣在那儿，一点儿苏醒过来的意思都没有。管仲心里明白，现在鲁庄公比谁都清醒，他这是装傻，这就是领导人的智慧，他也没有办法。

"将军，你有什么要求和委屈尽管说，我们尽最大的能力满足你，以和为贵，不要搞得这么血腥。"管仲连忙说，生怕曹沫突然脑子短路，匕首往里面再深入几分，小白就完蛋了。

“委屈？要求？”曹沫一横，见鲁庄公装傻愣在一旁，曹沫心里清楚，庄公同意了他的做法。意思就是说，小子，尽管来，你爷我在后面支持你。

“你们真的能答应我的要求吗？”曹沫的刀子更加靠近小白的脖子，小白已经感觉到了一股寒意。刚开始他还以为鲁庄公会出面制止，谁知道这货就跟一个弱智儿童似的，站在那里一动不动。那看样子真有生命危险了，大丈夫能屈能伸。

“当然答应，只要不损齐国尊严！”小白许诺说。

“齐鲁两国乃为世交，都是礼仪之邦，怎么能够经常打打杀杀呢，你们齐国三番五次地进攻鲁国，这是不人道的。所以，我要求你们把侵占鲁国的土地全都还回来。”曹沫终于把心里话都说出来了，三次挂帅都以失败而告终，所失去的土地，曹沫要一个人给挣回来，不费一兵一卒，这就是他行刺的目的。他视死如归，这一刻他完全将自己贡献给了国家，他不指望自己还能活下去。

“所有的土地？”小白一震，他实在没想到曹沫竟然狮子大开口。

“怎么？不同意？”曹沫完全陷入到刺客的角色里面，握刀的手更紧了。

“别，别，将军，好商量，好商量！”管仲连忙在一旁规劝。土地失去了还可以挣回来，要是齐桓公真的就这样被做掉了，那么齐国将会再次陷入混乱之中，这对齐国很不利。

虽然坛下有成百上千的齐国精锐，但是根本就不管用，那时候中国刚刚进入冷兵器时代，想要远距离将刺客曹沫击毙，这简直就不可能。

“好吧，寡人答应你！”齐桓公无可奈何地说，生命最可贵，什么土地之类的都是浮云。

虽然这在曹沫的意料之中，但是当齐桓公真的说出来的时候，曹沫还是欣喜若狂。但他是一个见过世面的人，很会掩藏自己的表情。虽然齐桓公口头答应了，但谁又能保证放开他之后，他不变卦呢？

于是，曹沫说：“既然这样，那就立个字据，签个合同什么的，以法律的形式约束你的行为。”曹沫这算是多此一举，就算是签了合同，齐桓公不按合同来办又能怎样呢？谁有能力去攻打齐国？

倒是齐桓公务实，“不必了，寡人对天发誓，今天作的承诺一定当真，如有反悔，天打雷劈。”

齐桓公都对天发誓了，曹沫也信守承诺，放开齐桓公。“曹沫投其匕首，下坛，北面就群臣之位，颜色不变，辞令如故。”做出了这样一个惊天动地的举动之后，他竟然面不改色，谈笑自如，仿佛一切没有发生过一样，这样的人，才算是真英雄。

就在这时，鲁庄公也“清醒”过来了，忙道：“发生什么事了？曹沫，你刚才在做什么？混账东西！”

“庄公，够了，侵占你们国家的土地，我会如数奉还，今天的会盟到此结束。”齐桓公冷冷地说。

鲁庄公心里那个乐啊！想不到刺客这东西还真管用，一个人就解决了上万人都解决不了的问题，有意思。所以，从曹沫开始，刺客行业在春秋战国时期越来越兴盛。因为，各国国君都比较看重这一行业。有政府支持的行业，能不得到迅速发展吗？

至此，曹沫完成了他的历史使命，他开创了一个时代，一个崭新的行业。他也作为刺客祖师被历史铭记。

贰:专诸
——最经典的刺杀方式

专诸为报伍子胥、公子光的知遇之恩,甘愿远走海边,孤身学习烹饪之法。学成之后,隐身公子光府中,静待吴王僚,虽然明知行刺是死,但为报知己知遇之恩,甘愿孤身行刺,最后一招“彗星袭月”,刺杀了吴王僚,而他也被吴王僚的侍卫乱刀砍死。

▶前　言

“一剑酬恩拓霸图，可怜花草故宫芜；瓣香侠骨留残塔，片土居然尚属吴。”专诸，历史上最负盛名的几大刺客之一，他也是第一个真正献身于刺客行业的人。他本是一个市井小民，原本可以平平淡淡过一生，养妻生子、侍奉老母。只不过在平淡的生活中，他遇到了从楚国逃难来的伍子胥，伍子胥一见专诸，称其为神人。因为伍子胥见专诸之时，专诸正欲与市井地痞两百余人斗殴，其有万人不可得之势。但其妻拿着其母的杖前来呼唤，其立即返回，立时温顺下来。此不为惧内，只因专诸孝顺，男子汉大丈夫在外可以横行千里，伸万人之志；在内，需孝顺长辈。

结交伍子胥后，专诸的生活改变了，春秋末期，诸侯国都处于一个变乱时期，楚国的变乱，让伍子胥一路逃到了吴国。而吴国的变乱即将发生，伍子胥注定是一个推波助澜之人。

在春秋那个尚武的年代，政变往往不需要纠集军队，一个刺客便可。在公子光用人之际，伍子胥向他推荐了平民专诸。平民专诸，与权贵伍子胥相交，并不是为了荣华富贵，也不是为了平步青云。作为一个平民，他之所以接受伍子胥的推荐，只因报知遇之恩。

建功立业是任何一个男子汉大丈夫所想之事，专诸亦如是。因其是一个孝子，其母年事已高，他不愿舍弃老母，实现远大抱负。据传，其母知道其抱负之后，为了不拖累专诸，特意因故支开了专诸，而自行吊死，以绝专诸担忧。

专诸为报伍子胥、公子光的知遇之恩，甘愿远走海边，孤身学习烹饪之法。学成之后，隐身公子光府中，静待吴王僚，虽然明知行刺是死，但为报知己知遇之恩，甘愿孤身行刺，最后一招"彗星袭月"，刺杀了吴王僚，而他也被吴王僚的侍卫乱刀砍死。

▶Part 1

幕后黑手、初遇专诸
——豪言壮语、语惊斯人

市井之中，少不了打架斗殴，古往今来都是如此，哪个时代都不缺少小混混。伍子胥第一次见到专诸的时候，正巧就有一两百来人在那边打架，也不知道是什么缘由，反正专诸就在这时候出现了。史料记载“专诸方与人斗，将就敌，其怒有万人之气，甚不可当。”他一个人将两百人全都喝退回去了（他可没练过什么狮子吼），无非就是说，专诸很牛。

1. 平王昏庸、楚国变乱——一夜白头、子胥出逃

血色的残阳下，一个孤独而又焦急的身影在落寞的房间里彷

徨，城内外人声鼎沸，所有的人都在为楚国的变故咋舌。楚国的大夫伍奢父子意图和太子建一起谋反，被诛杀，伍员（伍子胥）逃跑，现在正举国通缉。

楚国的百姓们看着城墙上贴着的告示牌，和伍子胥的画像，议论纷纷。谁要是报告了伍子胥的行踪，报酬丰厚，封官赏钱自不在话下。对于一个平民老百姓来说，这赏赐简直就是天文数字，所以，每一个人都期待着自己能够首先发现这个伍子胥的行踪。

满腔怒火的伍子胥无处发泄，他现在只是一个通缉犯，整个楚国的安检提升了几级，就是为了抓住太子建和伍子胥。现在，他和楚平王有不共戴天之仇，他告诉自己，不能死在楚国，他要报仇。可是，怎样才能平安逃出楚国呢？

他就像是热锅上的蚂蚁，他完全 Hold 不住了，整晚上他都在房间里来回踱步，他实在想不出有什么办法可以安全出城。

他的脑子高速运转，脑细胞一个接一个地自杀身亡，也不知道他一晚上消耗掉多少脑细胞。反正第二天天亮的时候，他的头发全都白了，这也就是“一夜白头”典故的由来。

他堂堂楚国太傅之子，怎么会沦落到这种地步呢？

事情要说到楚平王的身上，楚平王是历史上有名的一个楚国君主，刚开始的时候还是蛮有作为的（这是中国历史上很多统治者的共性），但后来他就渐渐堕落了。

在奋发向上了一段时间后，他以伍奢为太子太傅，作为太子建的老师，费无忌为太子少傅。但是太子建这人很崇拜伍奢，对伍奢比较好，反而比较讨厌费无忌，认为此人一看就是营养不良，嘴脸较长。

费无忌这人刚开始也没什么太多的花心眼，无非就是跟很多下属一样，一个劲地哄领导开心，只有领导开心了，下属才有资格开心。可是，太子建竟然不给费无忌的面子，很多次都当着别人的面数落他，他心里就很不爽了。

太子建刚到成年的年纪，费无忌就建议楚平王应该给太子找一个老婆了。平王也觉得有道理，所以就派费无忌去秦国给太子物色一个。两国联姻，增加两国之间的关系。

秦国也主动将孟嬴出嫁给太子建。费无忌去迎亲的时候，发现孟嬴是一个绝世美女。他想，要是此女送给平王的话，好色的平王一定会很开心。

于是，他就回来向平王报告，孟嬴实在是太美了，您要是错过了，可能这一辈子都找不到这么好看的女子了，还是留给自己吧，可以再给太子找一位妻子。

平王一听也觉得有理，反正还没正式过门，自己这应该还不算抢儿媳妇。于是就将孟嬴纳为妃，自己享用了。

太子一听，就懵了，老爹说好了去秦国给自己找妻子的，怎么迎回来了倒成了自己的小妈。老爸把儿媳妇迎回了家，这是什么事？知道这事是费无忌在暗中捣鬼，太子建更加忌恨费无忌。

费无忌也知道自己惹恼了太子，不过他已经拿定主意了，从此以后都不再屌太子，随便他怎样，反正现在自己是平王身边的红人，只要平王不死，他就永远是朝中的重臣。

可是，若平王死了呢？太子建即位后怎么办？

在平王迎娶原本应该是儿媳的孟嬴之后，因为怕父子俩见面尴尬，所以，太子建被派出去，守城父。太子建当然是以楚国继承

者的身份自居,积极和周边国家搞好关系,渐渐地在国际上闯出了名声。

朝中的费无忌知道,再这样下去,太子建的地位可能就摇不动了,必须趁他羽翼未满之时,除之而后快。

于是,费无忌对楚平王说,太子建有异心,他在城父积极发展自己的势力,而且和诸侯国勾结,准备借用国际力量,助自己登位。

楚平王并没有怀疑这个给自己送绝世美女的忠心之臣的话,而是马上命人招来太子太傅伍奢,想要将伍奢屈打成招。一面又派军队前去捉拿太子建。长期沉迷在美色之中的楚平王已经晕了,完全没有了正确的判断力。或许这就是一个绝世美女的魅力,什么叫美女,美女就是那种能让男人沉醉,做不出正确选择的女人。

伍奢招来之后,屈打了,但没有成招。费无忌没有办法,但他还必须斩草除根,伍奢还有两个儿子:伍尚和伍员,必须除掉。于是他又上奏平王,要平王下旨招来伍尚和伍员。

平王于是下旨去召二人,表示,如果你们来,我就放了你们的老子,不来,我就杀了他。

二人都知是计,不管去不去,伍奢是死定了。但老大伍尚还是决定回去,跟老爸一起共赴黄泉,做一个死孝子。小儿子伍员不肯回去,他不干这种白白牺牲的事,他表示要出国,借用国外的反楚力量,推翻楚平王的统治。

伍尚回去了,伍员走了。最后,伍奢和伍尚皆被杀。

而此时,太子已经跑去了宋国。毕竟他是楚国的太子,在国际上还有一定的影响力,和诸侯国君关系不错。

伍子胥从楚国逃出来之后，去宋国投靠太子。两人都是楚国通缉的对象，只能彼此相依为命。很不巧的是，宋国发生了内乱，他们两个流浪人只能又跑去郑国。

此时的郑国正处在鼎盛时期，由郑子产帮助郑国国君在搞改革，国力强盛。二人到达郑国之后，郑国政府隆重接待，几乎天天为二人接风洗尘，二人在郑国没少腐败。

可是，太子建接受不了糖衣炮弹的诱惑，他在一次和晋国国君会面的时候，晋国国君答应他，只要太子建在郑国里面做内应，帮助晋国打下郑国之后，郑国所有的土地都归太子建，他就是郑国的国君。

太子建心动了，他也不动脑筋想一想，这么好的事情怎么偏偏落在你头上？晋国出兵打下郑国就为了把土地都给你，封你为王，难道晋国国君是一个脑残？

可太子建相信有这么好的事，他真的在郑国做起了内应。可是行动才刚刚开始，就被郑国政府给发现了，最后太子建被做掉。作为同伴的伍子胥只能再次选择亡命天涯，不过，这一次，他带上了太子建的儿子公子胜。

2. 子胥初遇、豪言壮语——一人之下、万人之上

这一次，他往东逃，逃到楚国的死敌——吴国那边去。刚来吴国，他和公子胜就像是两个乞丐，加上他满头白头，和他的年纪不相配，看起来更加落魄。不过，就在那时，他认识了一个重要的

人——专诸。

市井之中，少不了打架斗殴，古往今来都是如此，哪个时代都不缺少小混混。伍子胥第一次见到专诸的时候，正巧就有一两百来人在那边打架，也不知道是什么缘由，反正专诸就在这时候出现了。史料记载“专诸方与人斗，将就敌，其怒有万人之气，甚不可当。”他一个人将两百人全都喝退回去了（他可没练过什么狮子吼），无非就是说，专诸很牛。

虽然在外面表现得很英勇，但他妻子拿着母亲的木杖在后面叫了一下，他就乖乖地回去了（这种男人才称得上纯爷们，尊重、孝敬父母，在外独当一面）。做父母的都不想儿子在外面惹事，更何况，专诸面对的是两百来人的泼皮无赖。为了这，伍子胥还故意嘲讽了他一下，不过专诸很快就反驳，“屈一人之下，必伸万人之上”。这种豪言壮语，当时就把伍子胥吓了一跳。想不到吴国市井之中，竟然藏有这种高人。伍子胥和专诸就此认识了。

“屈一人之下，必伸万人之上”。能说出这种话的人，绝不会是普通人。专诸虽然只是一个市井屠户，但是他是一个真正的男子汉大丈夫，他有着远大的理想与抱负，他也想着成就一番功业。只不过“百善孝为先”，在母亲年事已高的情况下，他必须先侍奉老母亲。一个纯爷们，刚毅而不失柔情。

伍子胥投在了公子光的门下，他本想去见吴国国君——吴王僚，因为他想报仇，就必须见吴国的最高领导人，求他出兵。但是，国君不是随便什么人都能见的，况且伍子胥只不过是楚国的一个通缉犯而已，在国际上没有什么名声。

公子光也是一个惜才之人，他看出了伍子胥的潜力，所以他将

伍子胥留在麾下做事，以助自己成就大业。

公子光想要成就的大业是什么呢？

这还要先说说吴国的情况，公子光就是后来有名的吴王阖闾（吴王夫差他老爸）。公子光的老爸原本是吴国的国君，叫诸樊，他有三个弟弟，依次是余祭、夷昧和季子札。诸樊是一个相当无私的人，只要能把吴国建设好，带领全国人民奔小康，下一任国君是不是自己的儿子都无所谓。三个弟弟中，季子札相当贤明，很有才能。诸樊觉得，季子札一定能够建设好吴国。所以，他决定把国君之位传给季子札。

因为诸樊快挂的时候，季子札还很年轻，怕要贸然传位，引起内乱。于是就定下了“兄终弟及”的规矩，也就是说，哥哥死了就把位置让给弟弟坐，循环往复。

定下这个规矩，损失最大的就是公子光，因为他老爸把国君之位拱手让给了余祭，而他这个继承人明摆着被废了。

他等呀等，就是等四叔季子札即位之后，等他死，然后国君之位或许能再次传回来。可是事情出了变故……

余祭死后，国君之位传给了夷昧，夷昧死之后，准备把位置传给季子札的。可是，季子札怎么都不接受，硬是不做国君。公子光欣喜若狂，本以为自己可以少等一段时间。可谁曾想，刚看到的曙光一下子就被黑暗给吞噬。群臣拥立夷昧的儿子僚为吴王，他的希望一下子就破灭了。

他不服，他觉得自己是合法的继承人，国君之位没有任何理由给僚。可是，他手中又没什么权力，有贼心没贼能。

他只能忍，忍，等到一个适合的机会，再结果吴王僚的性命。

就在伍子胥投靠公子光门下没多久，他就看到了借兵的希望。吴楚两国开战了，原因很简单，因为边境出现了混乱。

楚国的钟离与吴国的卑梁氏是处在国境线上的两个城市，都以产茶而闻名。但是，有一天，钟离的一个楚国女人和卑梁氏的一个吴国女人发生了口角。因为地界不明，两个女人都说对方采茶过界了，要对方把采的茶都留下来。争论了一番没有结果，两个女人见口角解决不了问题，就打了起来，她们都属于巾帼英雄之类的人物。

两个女人开打了，两个家庭的男人们见此也都冲了上来帮忙，于是就演变为家庭混战。其他附近的家族同胞们一看自己的家族人被欺负，也都拿着武器跑过来帮忙，于是，再次升级为两个家族的战争。

很显然，后来再次上升为吴楚两国之间的战争。那时候的国君都是很强硬的，自己的子民受到欺负了，当然要发兵，和平解决？没门，动手！

于是，吴王僚派遣公子光率大军出征，一定要为受到欺负的吴国子民讨回公道。国家是用来干什么的，就是用来保护本国子民的。

公子光率兵一举拿下了楚国的钟离和居巢两座城池，举国欢喜，伍子胥也欢喜，急忙上书吴王僚，表示要继续进攻楚国，楚国经不住打。

但是，伍子胥的这一建议并没有得到公子光的同意，他现在的目标并不是楚国，而是吴王僚。所以，他在朝堂之上反对伍子胥的建议，公子光曰："彼伍员父兄皆死於楚而员言伐楚，欲自为报私雠

也，非能为吴。”吴王乃止。

公子光表示，伍子胥是楚国的通缉犯，楚平王杀了他父兄，他让吴国出兵，不过是公报私仇而已。于是，伍子胥的建议被驳回。

不过，通过这一次的上书，他总算是看懂了，公子光是一个相当具有野心的人，他想登位。

伍子胥也不是一个什么圣人，既然只有公子光登位之后才能攻打楚国，那么他首先就尽全力帮公子光夺得国君之位。

怎么做？武力攻取，不可行，因为国家的军队都掌握在吴王僚的手中，硬拼肯定不行。在这个无比纠结的时刻，伍子胥想到了专诸。历史上的曹沫就是凭一己之力夺回了鲁国失去的土地，专诸也完全可能杀掉吴王僚。

于是伍子胥向公子光举荐了专诸，刺客专诸就此诞生。

▶**Part 2**

厨子刺客、鱼肠剑主
——彗星袭月、知恩必报

厨子端菜上前，将盘子放在吴王僚面前的案子之上。突然，他以迅雷不及掩耳之势掏出烤鱼肚子里面的鱼肠剑，一剑就击中了吴王僚的胸口，鱼肠剑没入吴王僚的身体，鲜血四溢。

这一切发生在眨眼之间，虽然吴王僚穿着铠甲，怎奈这是一柄绝世好剑，行刺的又是一个难得的好刺客，吴王僚没有活命之理。

1. 平凡出身、志在千里——士为知己、刻苦学厨

专诸是土生土长的吴国人，出生在一个屠户家庭，从小也没受

过什么专业的教育。不过喜好练武，也没钻进过什么山洞，发现什么武功秘籍。自然地练就了一身好本领，曾经一个人单挑两百人（虽未开战）。

专诸有一项本领是可以笑傲江湖的，那就是他的剑术，虽然没有独孤九剑的凌厉，但是随便取一个无赖的性命还是易如反掌的。快，这就是他武功的秘诀。

虽然没读过什么书，但是专诸明白，要想出人头地，读书是捷径。但在春秋战国时期，书籍都是用书简做的，普通人家根本就搞不到这玩意儿。读书是上层人优雅的活儿，他们这些市井小民只有道听途说的份。

他继承了老爸的手艺，继续卖肉，做屠户。但这与他伟大的理想并不相符，“男儿大丈夫，志在四方！”他想做大事，他想出名。

可是，一个杀猪的，你拿什么出名？

他说，我能！

他是一个孝子，如果不遇见伍子胥的话，他会带着自己的理想做一辈子屠夫。千不该万不该，碰见了伍子胥，最后闹得死无全尸。

伍子胥把他引荐给了公子光，这正是专诸实现自己理想的时刻。公子光听说专诸是一个绝顶高手之后，好吃好喝的款待着。并且利用手中的权力，给专诸家里分了房子，买了社保，专诸一家的生活都有了保障。专诸对公子光更加感恩戴德了，等了几十年终于等来了伯乐，以后都不用再起早贪黑的卖猪肉了。

公子光把自己的身世背景添油加醋的告诉了专诸，无非就是引起专诸的同情，让专诸表示强烈地愤慨，然后不遗余力地为自己办事。

后来渐渐地明白，原来这是一个动手了就不能活着回来的活儿。不过专诸并没有推辞，士为知己者死，此为大丈夫所为。公子光和伍子胥都对他有知遇之恩，堂堂男子汉大丈夫，岂能知恩不报。

专诸说，我死了没什么关系，可是家里上有老下有小。

公子光说："光之身，子之身也。"意思就是说放心吧，壮士，我就是你，你就是我，以后我会好好照顾你母亲，抚养你小孩的。

好，好！

专诸接受了公子光给的刺杀任务，但他并没有立即莽撞的去刺杀。一个好的刺客在动手之前都会经过周密地思考与部署。尤其是在刺杀较为强劲的对手之时，这些准备工作是必不能少的。

经过一番周密地调查，他终于知道了吴王僚喜欢吃烤鱼这么一个习惯。烤鱼在春秋战国时期的吴国，就跟现在北方人吃面食一样，很受吴国人的欢迎。在吴国，各种各样的烤鱼方法都有，因为喜爱，所以有创新。

于是专诸辞别亲朋好友，辞别公子光，独自上路，拿着公子光给的公费，去学厨。学厨师，找什么？那时候没广告看，专诸也不知道找什么。他只是一个人去海边，他相信很多烤鱼高手都在沿海。因为，那里是主要的产鱼区。

吃了很多天的烤鱼，有一天，他终于吃到了让他终生难忘的烤鱼，那种味道说不出来的美。他吃了一辈子，从来没吃过这么好吃的。所以，他决定留下来学做烤鱼，一个合格的厨子不能只会一种菜，但是，他愿意做一个不合格的厨子。

他没日没夜的学，只为了把烤鱼功夫学到炉火纯青。

功夫不负有心人，很快，他就学会了最高深的烤鱼大法。他相信，只要自己做出一条烤鱼来，吴王僚一定会吃了还想吃。

学会烤鱼之后，他又去订制剑。剑，是一种凶器，每个人都知道。但是在吴越地区，铸剑业却很兴盛，这里有不少的铸剑师，历史上很多有名的宝剑都是在这里铸成的。

铸剑业也成了吴越地区最早的工业，吴越两国有无数家铸剑行，有些甚至还开了分店。

专诸找著名的铸剑师欧冶子为自己铸造了一柄短剑，青铜造，形状像鱼，剑身隐隐透着寒光。这就是有名的“鱼肠剑”。

万事俱备，只欠东风！

而东风也在这时候不紧不慢地吹了起来……

2. 绝世厨师、致命鱼肠——彗星袭月、知恩必报

楚平王死了，死的正是时候，不仅伍子胥高兴，公子光高兴，连吴王僚也高兴。因为他可以趁楚国大办丧事的机会，大举进攻楚国。

于是，吴王僚派遣自己的亲弟弟，公子盖余和属庸率大军包围楚国的灊城。并且派季子札出使晋国，查看中原诸侯的动静。

可是，千不该万不该，吴王僚留下了堂哥公子光，他没有意识到公子光的黑手已经伸向了他。

前线的战事吃紧，公子盖余和属庸的大军被楚国军队截断了后路，随时都有被围歼的可能。若想他们全身而退，吴国就必须派

出援军。而公子光是最好的人选，他曾经数次与楚国大战，都取得了胜利。

这一日，公子光邀请吴王僚来自己的家中做客，声称自己家来了一个百年难得一见的好厨师，尤其精通烤鱼，吃了让人终生难忘。

吴王僚是一个吃货，对烤鱼的钟爱简直到了痴迷的程度，没有烤鱼他不就餐。听说有这么一个好厨子，他经不住诱惑，坚持前往公子光府第。

无论是吴王僚的母亲还是他老婆，都说公子光不是一个好人，去不得。无缘无故请客吃饭，肯定有问题，不能去。

但是吴王僚坚信公子光还不敢这么嚣张，为了以防万一。"王僚使兵陈自宫至光之家，门户阶陛左右，皆王僚之亲戚也。夹立侍，皆持长铍。"他穿上了上战场的行头，全副铠甲，精锐部队从宫门一直站到公子光的府第。隔几步就一个全副武装的卫士，他不相信这样公子光还敢乱来。

进门之后，吴王僚的保镖们很快就将公子光的侍卫全都赶走，整个大厅都是吴王僚的贴身护卫。这么严密地防守，没有任何一个刺客有机会。

公子光热情地接待了吴王僚，他的身子在不停地颤抖，他没有想到吴王僚这么大的阵势，到处都是他的侍卫，根本就无机可乘。

不过，专诸向他保证过，这一击一定出其不意，保证成功。

地下室里全都是敢死队，公子光前不久才组建的，一旦刺杀失败，这些人将会拼死护送他逃出吴国。

中途，公子光借机离开了大厅，正巧厨师开始上烤鱼了。

端着烤鱼的正是专诸，香味立时溢满了整个大厅，吴王僚满是期待的眼神。这么香的烤鱼，他还是第一次闻到。

只是一个厨子，的确只是一个厨子，吴王僚的侍卫们搜了他全身，确定他没携带武器，才让他去上菜。

可是，安保不严害死人啊！

厨子端菜上前，将盘子放在吴王僚面前的案子之上。突然，他以迅雷不及掩耳之势掏出烤鱼肚子里面的鱼肠剑，一剑就击中了吴王僚的胸口，鱼肠剑没入吴王僚的身体，鲜血四溢。

这一切发生在眨眼之间，虽然吴王僚穿着铠甲，怎奈这是一柄绝世好剑，行刺的又是一个难得的好刺客，吴王僚没有活命之理。

当所有人反应过来时，已经晚了，吴王僚已经躺了下来，胸口插着一柄剑，身下满是鲜血。

专诸看着自己的战果，冷笑！

他站着不动，似乎等待着什么。

他完全将生死置之度外，九年，公子光待他如国士，他得到了他想要得到的一切。“士为知己者死”，知恩必报，他用自己的生命诠释这一不变的信条，这一纯爷们的信条。

吴王僚的侍卫一拥而上，将专诸剁成了肉酱。

专诸根本就没有为自己留下后路，到处都是吴王僚的护卫，行刺之后，他不可能逃脱。但他还是选择行刺，这是一个刺客的信条。

他的这一击成全了两个人：公子光和伍子胥。

吴王僚死后，公子光成了吴国国君。而伍子胥也得到重用，很快厉兵秣马，率军攻下楚国，将楚平王掘墓鞭尸三百，报仇雪恨。

叁:要离
——不成功便成仁

要离设计了一出苦肉计,诈得罪出奔,阖闾取其妻子,焚于市。他忍着撕心裂肺的痛,只为完全刺杀任务。他见到公子庆忌后,说:“阖闾无道,王子所知。今戮吾妻子,焚之于市,无罪见诛。吴国之事,吾知其情,愿因王子之勇,阖闾可得也。何不与我东之于吴?”他顺利地打动公子庆忌,最终在途中刺死他。

▶前　言

生拟入山随李广，死当穿冢近要离。

一樽强醉南楼月，感慨长吟恐过悲。

——陆游

生傍伍胥潮，死近要离墓。

千秋忠介坟，鬼雄誓相赴。

——王士稹

要离，吴国人，据说其长得奇丑无比，而且身材十分矮小，继承父辈们的遗产，在海边打鱼。虽然由于家庭经济的原因，他没有读过多少书，但是从小到大，他听过了不少的英雄故事，尤其是刺客专诸的故事。专诸刺杀吴王僚，公子光即位，就是最近几年才发生的事情，要离是一个深谙世事的智者，早在他遇见伍子胥之前，他就深度地分析了吴国的局势，内部还未完全稳定；外部还有公子庆忌的叛乱。二者之中，尤以公子庆忌的叛乱最具威胁。因此，要稳定吴国的局势，就需首先除掉公子庆忌。

后来他结识了伍子胥，随即被引荐给吴王阖闾，虽然阖闾第一次见到他时，甚是轻蔑与讽刺。但他毫不放在心上，一个想要成就

大事的人,要不惧冷嘲热讽,承受得住流言蜚语。

他站在朝堂之上等待阖闾嘲笑完,然后他分析自己周密的计划,最终打动阖闾。

要离设计了一出苦肉计,诈得罪出奔,阖闾取其妻子,焚于市。他忍着撕心裂肺的痛,只为完全刺杀任务。他见到公子庆忌后,说:“阖闾无道,王子所知。今戮吾妻子,焚之于市,无罪见诛。吴国之事,吾知其情,愿因王子之勇,阖闾可得也。何不与我东之于吴?”他顺利地打动公子庆忌,最终在途中刺死他。

但要离并不想用妻子的性命和背信弃义的名声换来荣华富贵,他只为完成最初的理想,也是为了报知遇之恩。刺杀成功之后,他不顾别人的劝阻,选择以死谢罪。

这样纯粹的刺客,又岂能是一般人。

▶Part 1

乡野渔夫、志在报国
——天下第一、文武双全

"你知道公子庆忌是什么人吗?"阖闾反问,他可不想随便派一个人去刺杀公子庆忌,免得失败之后,再次被他嘲笑,成为国际上的话柄。虽然各诸侯国的首脑都在私下用刺客,但是在名义上,这些领导人都说要反恐,坚决反恐。所以,一旦阖闾派出去的刺客再次行刺失败的话,要面对的国际舆论压力太大。

1. 阖闾心病、公子庆忌——招募勇士、谁能担当

山雨欲来风满楼,狂风在黑暗中呼啸着,卷起地上阵阵落叶。月明月又暗,很快黑云便将月亮的光亮完全吞噬。整个世界被黑

暗笼罩、吞噬,死一样的可怕。

沉闷的宫殿在无尽的黑暗之中,乌云压顶。很快便下了暴雨,稀里哗啦。雷电交加,划破夜的黑暗。豆大的雨珠在闪电的光亮下若隐若现。

“轰”的一声,整个大地像是被震破。

“啊!”的一声,整个宫殿因为这一声开始闹腾了。很快有一个穿着白色衣服的男人惊起,他喘着大气,满脸汗珠,全身湿透。他刚刚从噩梦中惊醒,眼神慌乱不定。

“他来了,他来了!”他惊慌不已,喃喃自语。

“您又梦见他了!”旁边的一个露着酥胸的女人被他的叫声惊醒,在一旁小心翼翼地问着。

殿外,已经有火把亮起,无数的侍卫在殿外集结。

“大王,发生了什么事?”殿外有人问。

被噩梦惊醒的正是吴王阖闾,之前的公子光。最近,他经常做梦,梦见公子庆忌拿着刀追他,而他找不到一个帮手,他一次次被公子庆忌追上,很多次都差点儿丢掉性命。

“没事,你们都下去吧!”过了很久,阖闾才缓过神来说。

露着酥胸的女人用身体贴着他,希望这样可以缓解他的恐惧。

“庆忌、庆忌……”他狠狠地念着这个名字,面露怨恨。

自从杀了吴王僚之后,他顺理成章地成了吴国国君,但是他知道,朝堂之上还有很多人不服他,毕竟他是靠不正常的手段上位的。他想,若不是公子庆忌当时不在国内,或许,他的刺杀计划也不会成功,更不会当国君。

公子庆忌是吴王僚的儿子,此人生来凶悍,堪称吴国第一勇

士。他武功高强，万夫莫敌，就算是十个专诸或许都不是他的对手。

吴王僚被杀之时，公子庆忌正在国外请求援助，因为那时吴国进攻楚国的军队正陷入楚国的包围之中。但就当他在国外斡旋之时，吴国国内发生了政变，公子光利用专诸杀了吴王，公子光即位，号为阖闾。

从那时起，公子庆忌就在卫国召集吴国的反政府武装，他是吴王的儿子，他才是国君的合法继承人。而阖闾是叛变者，弑君者，他不合法。

同时，他也在国外和诸侯国君商谈，希望诸侯国出兵，至少要制裁阖闾。因为在春秋时代，周天子还是名义上的老大，出现了臣弑君的情况，周天子还是可以发一下令的。

可以这么说，周天子就相当于联合国的老大，他虽然没有实际的权力，但是他的话还是能起一些作用的。诸侯国往往能够挟天子以令诸侯，干涉他国内政的事儿，是诸侯国最想干的。

所以，在最开始的时候，诸侯都暗地里支持公子庆忌，出钱让他招兵买马，支持吴国的反政府武装。一旦时机成熟，他就带兵进入吴国，诸侯国也可以出兵支持，分裂吴国。

所以，在阖闾即位之初，他立即停止了和楚国之间的战争，虽然这让伍子胥很不爽。同时，他向诸侯国派出使节，表示愿意和诸侯国保持密切的外交关系和经济往来。他重申，反政府武装是不合法的，希望诸侯国不要支持，给恐怖分子以存活的空间。

在外交努力的同时，阖闾还不时地派出刺客前去行刺公子庆忌。但是，公子庆忌是绝顶的高手，像他这样的高手千年难得一

见。阖闾派过去的刺客全都被他干掉,没有一次成功。

到了后来,便没有一个刺客敢接这活,虽然阖闾开出的价格不菲,很是诱人。但是和性命比起来,这些都是身外之物,一点儿都不重要。

没有了刺客,加上公子庆忌受卫国政府的庇护,吴国也不能大张旗鼓地出兵。所以,阖闾只能眼睁睁地看着公子庆忌的反政府武装在国外一天天强大起来。

正是在这种环境之下,他每天晚上都睡不好,一睡着就做噩梦。最近,他已经被搞得神情恍惚,到了崩溃的边缘。他必须做掉公子庆忌,不然他会疯掉的。

伍子胥也听说了阖闾每天晚上都做噩梦,他也知道阖闾在担心什么。自从做掉吴王僚的专诸被杀之后,吴国的高手就越来越少了。最近,伍子胥终于又在海边发现了一个高手,他叫要离。

往往高手就隐藏在市井之中,出入江湖。要离怎么看怎么不像是一个刺客,甚至连一个真正的男子汉都算不上,因为他身材矮小,相貌丑陋,加上又是一个没有土地的渔夫。但是人不可貌相,身材的矮小阻挡不了他内心的强大,他远大的理想与抱负,连伍子胥听了都难免吃惊。

他和专诸不同,虽然都是江湖中人,混迹市井。但专诸至少是甘于平淡之人,他可以因为责任在市井中待一辈子。但是要离不会,他迫切地希望实现远大的理想,建功立业。

2. 乡野渔夫、文武双全——有心报国、胸怀天下

伍子胥在等待时机，等待着阖闾主动开口求他，这样才能显示出他伍子胥的重要性。专诸就是他推荐的，孙武也是他推荐的，现在他伍子胥是阖闾身边的红人、能人。

孙武在吴国练兵，把兵练好了就能够进攻楚国了，伍子胥想。一旦阖闾求他，他就将要离举荐给阖闾。

阖闾终于求他了，阖闾问伍子胥，吴国境内还有没有像专诸这样的勇士。

伍子胥说，有！

阖闾喜出望外，在何方，是什么人？

于是，伍子胥说他叫要离，我曾经亲自见过他折辱壮士椒丘欣。

怎么辱的呢？阖闾似乎对这种虐待人的事情很感兴趣。

于是伍子胥讲起了要离的传奇经历。

伍子胥说，椒丘欣是齐国很有名的一位勇士，曾经受齐王的嘱托来过吴国。在过淮津的时候，准备让马休息饮水，但是当地人说这条河里面有水怪，只要马饮水，水怪就会马上出来把马都吃掉。

椒丘欣不以为然，说老子在这里，水怪敢出来？于是，他让马饮水。但是，果不其然，水怪出来了，一口就将马拖入水中。（对于这种神神怪怪的东西，我们坚决不能相信，要用马克思主义武装自己，相信无神论，唯物论。）

椒丘欣一看就气愤了，提着剑跃入河中，在水里和水怪不知道打了多久，最少有一天的时间。最后平安地出来了，只有眼睛被水怪伤了。他的事迹很快便传遍了大江南北，椒丘欣一夜走红，被封为“天下第一勇士”。

人成名了就容易骄傲，椒丘欣也是这样。一次他吴国的一个朋友去世了，他过来参加葬礼，可是在葬礼之上，他不可一世，将所有的人都不放在眼里。和他坐在一张桌子上的要离看不惯了，于是开口说：“所谓的勇士应该是与太阳战，面不改色；与鬼神战，岿然不动。而今你与鬼怪斗于水中，不仅没保住马，自己还被咬伤了眼睛，这就是勇士吗？真正的勇士是不会这么说的。”

椒丘欣一听顿时火冒三丈，但因为是在葬礼之上，不好发飙。当即想好，晚上行动，准备去教训要离。

谁知要离回家之后，让他妻子晚上睡觉的时候把门都开着，窗户也都打开，他料想椒丘欣今晚会来。

果不其然，椒丘欣晚上真的来了，几个跃步就来到了要离的床前，用剑抵住要离的咽喉。椒丘欣说：“我有三个杀你的理由，你知道吗？”

要离面不改色：“不知！”

“看在你快死的份上，我不妨告诉你。你在大庭广众之下侮辱我，此为一；晚上睡觉不关门，此其二；不关门也就算了，你还一点防备都没有，此其三，这就是你该死的三个失误。”

要离淡淡一笑：“这并不是我三个该死的失误。你有三个不屑之处，你知道吗？”

椒丘欣一惊：“不知！”

"第一,你受辱于大庭广众之下,却不敢报;第二,你进别人的家门一点声音都没有;第三,你进门之后,首先要用剑对着我的咽喉,确保我不能反抗,你才有底气对我说话。"要离一副鄙视之态。

椒丘欣也是一个识货之人,听到这番话,当即就扔掉了手中的剑,五体投地地表示,要离是真勇士,我屁都不是。

伍子胥讲完了整个故事,听得阖闾心情高涨,很是激动。终于找到了一个很好的刺客,人才啊,人才!

阖闾当即表示,重金聘请要离。

要离是个什么样的人呢?他是一个渔夫,不过他最痛的是,他的身材只有一米三四,身边的很多女人都要比他高出一个头,这让他很不爽。从小就在海边长大,靠打鱼为生。要离或许要庆幸自己活在春秋时代,因为那时候讲的是媒妁之言,一般婚姻是父母说了算。要搁在现在,一个打鱼的穷小子,身材又这么矮,还长得很丑,也没读多少书,这样的男人能找到女人就见了鬼了。

要离说,我行!

他真的行,到了成家立业的年纪,他就和其他的男人一样,也成了家。立业就是老本行,打鱼。

他现在是一个有家庭的幸福男人,身材与长相都是浮云,男人嘛,怎么能看外表,男人要看能力,要离想。我虽然才一米三四,可是老子有能力啊!我承认我长得丑,但是我有理想啊!

有理想又有能力的男人,这个世界很难找的。

要离有很伟大的理想,甚至比专诸的理想还要大。专诸无非就是士为知己者死,然后为老婆孩子创造一个好的生活环境。但要离不同,要离想成就更大的事业,他的考虑不是一个小家的问

题，他要从国家的角度出发。都说是伟大的理想了，怎么可能有家呢，至少是国家，甚至可以说是世界和平的问题。

要离的理想就是希望吴国能够和平，不要打仗，特别是内战。

听说公子庆忌在国外集结反政府武装，准备进攻吴国。要离心里一肚子火，要真是打起来，那吴国的老百姓岂不是又要遭殃？

要离很想亲自解决这个问题，可是公子庆忌远在卫国，他一个普通的打鱼的，一年到头挣不了几个钱，根本就没钱出国。再说，一个人去搞恐怖袭击是一个很耗钱的项目，凭一己之力，他干不了。

当初专诸也是一个屠夫，但是他被公子光看中，很快就功成名就，他相信他渔夫的身份并不碍自己成为一名刺客。

后来，他就认识了从楚国逃来的通缉犯伍子胥，两个人的交情也不错。再后来，伍子胥就找到了他，说是吴王想要见他。

他知道，自己为国尽忠的机会来了，他想都没想就去见吴王了。

可是，他万万没想到，吴王是一个很注重外表的人。

吴王阖闾的确很重外表，当年的专诸长得虎背熊腰，一看就是能打架的主。而且眼神里一直游离着杀气，看着都让人兴奋。可是，眼前的这个要离实在让阖闾大跌眼镜，他实在无法将这个丑陋而又矮小的男人与刺客联系到一起。

他摇摇头，对着伍子胥笑了，他以为是伍子胥在跟他开玩笑。但是当他看向伍子胥的时候，伍子胥却一脸坚定地看着他，不像是在开玩笑。然后，这个要离就开始介绍自己，顺便说了自己的理想与抱负。

但他说得嘴皮子都干了,阖闾还是没什么反应,眼前的这个要离身高都不到公子庆忌的腰,这样的人怎么能去刺杀呢?搞笑!

历史记载阖闾与要离的对话是这样的:王曰:“子何为者?”要离曰:“臣国东千里之人,臣细小无力,迎风则僵,负风则伏。大王有命,臣敢不尽力!”吴王心非子胥进此人,良久默然不言。要离即进曰:“大王患庆忌乎?臣能杀之。”王曰:“庆忌之勇,世所闻也。筋骨果劲,万人莫当。走追奔兽,手接飞鸟,骨腾肉飞,拊膝数百里。吾尝追之于江,驷马驰不及,射之暗接,矢不可中。今子之力不如也。”要离曰:“王有意焉,臣能杀之。”王曰:“庆忌明智之人,归穷于诸侯,不下诸侯之士。”要离曰:“臣闻安其妻子之乐,不尽事君之义,非忠也;怀家室之爱,而不除君之患者,非义也。臣诈以负罪出奔,愿王戮臣妻子,断臣右手,庆忌必信臣矣。”

要离对于阖闾的折辱,并没有表现出任何地尴尬,相反,他更加坚定地说:“大王您一向以公子庆忌为患,我可以杀了他!”说这话的时候,底气十足。

“你知道公子庆忌是什么人吗?”阖闾反问,他可不想随便派一个人去刺杀公子庆忌,免得失败之后,再次被他嘲笑,成为国际上的话柄。虽然各诸侯国的首脑都在私下用刺客,但是在名义上,这些领导人都说要反恐,坚决反恐。所以,一旦阖闾派出去的刺客再次行刺失败的话,要面对的国际舆论压力太大。

还不等要离答话,阖闾就自己说开了:“公子庆忌是真正地天下第一勇士,我还从未见过这样厉害的人。他力能扛鼎,走追奔兽,手接飞鸟。我曾经驾着马车追跑步的他没追上,何其快啊!你根本就不是他的对手。”

"如果您真想杀他的话,我能杀!"要离还是这么句话,丝毫不畏惧。

"公子庆忌不仅武艺绝顶,他身边还有很多侍卫,你根本就没机会。"

"我一心只为国,一个好的刺客不是靠简单的武力取胜,还必须具备灵活的头脑。虽然公子庆忌是天下第一勇士,但是我们可以智斗。"

"智斗?"阖闾一惊,他没想到这个丑陋的男人竟然说出了这种话,他似乎从他的身上看到了专诸的影子。

"对,以智取胜!"要离肯定地说。

接下来,要离就说出了他变态的智谋,他要上演一出苦肉计。你说苦肉计就行了,可是这出戏里面还有他妻子的戏份。他的计谋就是,他要刺伤阖闾,然后阖闾把他的妻子捉拿过来。最后,他越狱了,他妻子被杀了。他因此接近公子庆忌了,然后借机杀掉他。

要离的妻子算是倒了八辈子的霉,他跟着要离没过一天的好日子。这么一个丑陋矮小的男人,要是让她自己选的话,她是怎么都不会同意的。可是父母并没有给她这个机会,估计她家经济条件并不好。

她嫁给要离,就好比潘金莲嫁给了武大郎,可是潘金莲虽然也是年纪轻轻就下了九泉。但是她后来享受过啊,她遇见了西门庆。要离的妻子就不同了,她一直都跟着要离,至死都是。

可能是要离的脑子里面都装的大理想,没有空间去容纳他的小家庭,他也没打算给家庭带来多大的幸福,他考虑的是国家。所

以，他的妻子无辜地成了牺牲品。

他妻子根本就不知道要离的这一邪恶思想，她原本以为要离主动请缨去做刺客，最后会和专诸一样，给家里带来很大的好处。儿子封官加爵，赐了大宅子，然后好好地过舒舒服服的日子。她想，能过这种无忧无虑的日子，即使没男人也行。

但是，她错了，要离不是这么想的。要离把她也安排进自己的苦肉计之中，只等计划开始实施，她连想做渔夫的妻子都不行了。

阖闾和伍子胥听了要离的计谋之后，都觉得这人是一个疯子，原来世界上的恐怖分子都是这样的人。还好这个人是在帮他们，阖闾想。

反正在要离的计划中，即使失败，阖闾和伍子胥也并不用付出什么代价。所以，他们并没有想到要离的计划。之后的几天，他们还彩排了几次，为的就是把整个行动做得天衣无缝。

▶Part 2

苦肉一计、深度潜伏
——舍弃小家、成就天下

要离死前表示:"杀吾妻子,以事吾君,非仁也;为新君而杀故君之子,非义也。重其死,不贵无义。今吾贪生弃行,非义也。夫人有三恶以立于世,吾何面目以视天下之士?"

刺客要离就这样死了,他为了刺杀行动,搭上了自己幸福的家庭,可最后他却选择断臂断足自刎而死。为妻子,也为公子庆忌,更为自己的良心。

1. 苦肉一计、大殿弑君——杀妻毁家、舍小顾大

终于在那一天,他们三个人一起开始实行整个变态的计划了。

那一天，朝堂之上一如既往的安静，首先说话的是重臣伍子胥，自从阖闾当上吴王之后，伍子胥越来越受器重。所以，每天上朝，伍子胥都是说话最多的人，因为无论他说什么话，都是阖闾想要说的话。

那一天，伍子胥在朝堂上当众举荐了要离。当要离上朝的时候，所有的朝臣都惊呼了一声，随即一片议论之声响起。

这么一个奇怪、矮小、丑陋的男人，他怎么能够上朝，这简直是侮辱吴国国君和所有的大臣。

但是，这些朝臣都没有站出来说话，他们知道，这背后一定还有故事。他们都想再继续看看。

阖闾开始演戏了，今天，他要充分发挥自己的演技，虽然他八辈子都没想到得什么影帝。

"要离何人?"

"是臣要举荐给大王攻打楚国之人。"伍子胥有条不紊地回答。朝臣们又开始惊呼起来，他们实在想象不到伍子胥竟然推荐这样一个人去攻打楚国。之前，伍子胥举荐过军事家孙武，但是孙武这王八蛋刚受重用就把阖闾的几个心爱的女人都杀掉了，让阖闾和朝臣们都很不爽。今天，伍子胥更加离谱，竟然举荐这么一个人。

"攻打楚国? 凭借这么一个矮小的人?"阖闾充满不屑，哈哈地笑起来。

"矮小又怎样? 大丈夫有本领就行。伍子胥大夫为您登位立下了汗马功劳，而您却不愿发兵攻打楚国，为其报仇，此为不义。"要离面不改色地说。

"大胆!"阖闾怒喝，大部分朝臣都窃笑起来，他们喜欢看这种

场面,喜欢看阖闾发脾气,特别是被一个矮小、丑陋的人惹得发怒。

“大王认为臣的能力不够攻打楚国,臣敢保证,大王接不过臣十招。”要离满不在乎地说。这种话再次让朝臣惊呼,他们没有想到这么一个奇丑无比的男人竟敢说出如此大逆不道的话来,他太大胆了!

阖闾“怒了”,当然,他还是在演戏,要离也是在演戏,伍子胥更加是在演戏。三个男人演了一台戏,整个朝堂上的所有朝臣都成了观众,全都被忽悠着,可是他们没有丝毫感觉。

“你说本王接不了你十招?”阖闾已经从宝座之上站了起来。他随即吩咐旁边的侍卫,去拿两柄剑过来,一柄铜剑,一柄竹剑。

朝臣们都往两边退开去,为这两个要拼命的男人腾出足够的空间。要离的手上拿着竹剑,阖闾紧握着铜剑,狠狠地瞪着要离。

他出其不意地攻向了要离,要离身子微微一闪,就躲过了阖闾的这一击。站在一旁的伍子胥此刻表现得很是紧张,演得就跟真的一样。

可就在这时,要离一剑击到了阖闾的手背,虽然只是竹剑,但是要离用了好几分力气,这样才能够逼真一点。阖闾的手背渗出了血,霎时间就连成了一片。

所有的人都惊慌了,包括演戏的伍子胥,阖闾和要离手中的剑都掉在了地上,阖闾按着伤口,命令侍卫将要离拿下。

要离还不知死活地表示,他说的没错,吴王真的接不了自己十招。震怒的阖闾在朝堂之上表示,立刻派兵前去将要离的妻子也捉过来。

要离被关进了死牢,他的妻子也被关进了大牢,连取保候审都

不能。要离的妻子刚开始也还以为这一切是在演戏，说不定就是一个苦肉计，过不了多久自己就会被放出去了。但是，她错了。

没几天，要离就越狱了，越狱了？根本不可能！因为阖闾为了惩罚要离伤了自己手背这一罪，特意下旨砍掉了要离的右臂。一个残疾的、矮小的、丑男人怎么可能独自越狱？

但事实是，他越狱了，真的越了！

要离越狱的消息很快就传遍了整个吴国，到处都是通缉要离的告示。为了表示自己的震怒，阖闾下令杀掉要离的妻子，并且将其示众焚尸。这是一个很残忍的惩罚，但是这只不过是要离苦肉计的一部分，是他设计好这么一个方式杀掉自己的妻子的。他为了完成自己的计划，连妻子都不要了。你说你不要就算了吧，还让她做了炮灰。

整个吴国的百姓都相信吴王是真的怒了，要离是真的激怒了吴王。国际上也都在盛传这一件事，阖闾甚至派遣外交官们游说各国政府首脑，希望各国帮忙通缉要离。

独臂要离"慌乱"逃走，但是他并没有遇到什么大雕，也没进什么山洞，更没有学到什么高深功夫。所以，他潜伏进公子庆忌的阵营，想要和公子庆忌硬碰硬还是不行。

要离听说公子庆忌在卫国之后，连夜赶往卫国，虽然有源源不断的吴国追兵，但是他还是安全地到达了卫国。

见到公子庆忌之后，要离将自己的悲惨身世向他说明，表示自己的右臂就是阖闾弄断的，而且自己的妻子也被阖闾残忍地杀害了，他要报仇。听说公子庆忌正在招兵买马，他愿意报名，助他一臂之力。

公子庆忌还稍微有一点点脑子，听了要离的诉苦后，他并没有做过多的表态，而是派属下连夜潜入吴国，调查要离说的是否属实。

调查结果是，要离说的都属实。于是公子庆忌在几天后给要离安排了一场迟到的接风宴。

公子庆忌并不以貌取人，他看得出来要离是一个勇猛之人，而且很有计谋，这样的一位勇士为自己所用，将大大有益于反政府武装的发展。

很快在要离的帮助下，公子庆忌的武装力量得到了快速发展。于是要离建议他，现在就出兵攻打吴国。

要离这一招叫做引蛇出洞，即使自己在路上刺杀不了公子庆忌，吴国的大军也能将他围歼。

公子庆忌十分信任身边的这个残废，他了解一个人想要报仇的心情。于是他率领着他的反政府武装，浩浩荡荡地向吴国进军。

2. 深度潜伏、引蛇出洞——忠孝仁义、杀身成仁

公子庆忌是一个项羽似的人物，个人相当厉害，你说要拼在战场上厮杀，他一个人对几百个人都没什么问题。但是，讲智谋这方面，他不行。

他和要离乘坐同一条战船，他们打算从海路袭击吴国，攻其不备。那一日，他们出发的时候，正好平静的海面起了大风，船有点摇晃起来。队伍中出现了不和谐的声音，大家都在议论着，是不是

这次出征不合天意，所以海面才突然刮起了大风？

要离借此机会向公子庆忌建议说："公子你应该站到船头去，这样可以激励士气，以免军心动摇。"

公子庆忌一项，确实也有道理。于是，他挎着剑就站到了船的最前头去，要离也跟在后面。

海面起这么大的风，士兵们都抓着船桅以平衡自己，根本就不敢和公子庆忌一样站到船头来。因此，整个船头只有要离和公子庆忌二人。

这是一个千载难逢的好机会，现在公子庆忌没有任何防备，也没有侍卫。要离也清楚，一旦下手，他必死无疑。但他是一个刺客，他所做的一切事情都是为了刺杀公子庆忌。他举起青铜剑，趁着风势，一跃而起，对准公子庆忌的心脏猛击而去。

因为要离太矮小，加上风势不稳，虽然长剑从公子庆忌背后穿到前胸来，但他并没有马上倒下来。他反而迅速地转过身来，惊奇地看着要离。直到现在，他才明白，原来一切不过是一个阴谋，他上当了。

他愤怒地将要离举起来，将他的身子头朝下放进水中。一提一放，如此三次，要离就像是一个溺水的儿童，毫无办法。

"想不到天底下还有你这样的勇士，敢来刺杀我！"公子庆忌哈哈大笑，那一刻，鲜血已染遍全身。

要离连说话的机会都没有，他的脑袋不是被栽进水中，就是在拼命呼吸。这时，公子庆忌的侍卫也全都赶了过来，但是公子庆忌已经不支，血流如注。

很快，这个勇敢、彪悍的男人就倒在了自己的血泊之中。在死

之前，他还告诫属下，千万不要杀要离。他一直将要离看成一位英雄，和自己一样的英雄。他说，一天之内，不能死两位英雄。这就是这个伟大的反政府武装头目，即使对方将自己暗杀了，他也毫无怨言。

公子庆忌死了，要离却奇迹般地活了。亲眼见到公子庆忌闭上了眼睛，要离如释重负，他的刺客任务完成了，也该结束这个身份了。他当刺客的目的并不是为了名、为了利，也不是为了给家庭带来富贵，他只是希望吴国和平，实现自己的理想与抱负。这是一个刺客最简单、最伟大的想法。

他立刻跳入水中，以此结束自己的性命。但是，公子庆忌的属下却把他从水中救了出来。众人都说，你杀了公子庆忌，现在应该去吴国受赏，奖赏很丰厚，你所做的一切不都是为了这吗？

可要离说，我并不是为了荣华富贵来杀公子庆忌的，他这么信任我，我却心怀异心潜伏在他的身边，视为不义，我应该受到惩罚。说完，要离就自断四臂，自刎而死，不再给众人解救他的机会。

要离死前表示："杀吾妻子，以事吾君，非仁也；为新君而杀故君之子，非义也。重其死，不贵无义。今吾贪生弃行，非义也。夫人有三恶以立于世，吾何面目以视天下之士？"

刺客要离就这样死了，他为了刺杀行动，搭上了自己幸福的家庭，可最后他却选择断臂断足自刎而死。为妻子，也为公子庆忌，更为自己的良心。

肆:豫让
——这就是刺客的路

豫让为报智伯之仇,遵循着“士为知己者死”的信条,吞炭毁容,放弃一切。不过,因其并非绝世高手,且赵襄子的防卫森严,其无机可乘。豫让临死都坚定着“士为知己者死”这一信条,他放下一个刺客的尊严,坚守着作为智伯国士的身份,恳求赵襄子脱其衣,让他刺上三剑,以慰智伯于九泉。最终,他跃起,刺衣三下,然后自刎而死。

▶前　　言

三家分晋前夕，晋国的局势风起云涌，经过春秋几百年的洗礼，五霸之中的晋国率先出现了内部分裂的倾向，由最初的六股叛乱势力转变为最后的三股，并完成三家分晋。

无论是春秋还是战国时期，国士一直都是国家的脊梁，什么样的人才堪称国士呢？国士的行为又该是怎样的呢？

明人方孝孺曾论：国士——济国之上也。也就是说作为国士应该做出对国家最有利的举动和政策。他还指出，豫让之所为，不可称之为国士，如若豫让是一位有远见的国士，那么在面对晋国内部分裂局势之时，他就应该预感到智伯侵占其他三家土地的危险，他应该趁机进谏："诸侯大夫各安分地，无相侵夺，古之制也。今无故而取地于人，人不与，而吾之忿心必生；与之，则吾之骄心以起。忿必争，争必败；骄必傲，傲必亡。"并且说一谏不纳，再谏，再谏又不纳，三谏。如若还不纳，则以死表国士之心。

但此种言语，似乎并不适合当时的晋国，无论是春秋五霸还是战国七雄，都是建立在吞并其他小国的基础之上的，弱肉强食，这就是那个时代的本质。作为强者，智伯当然想要一统晋国，结束分裂局面。在这种大局势之下，所有的国士都应该为智伯献策进言，

当然不能提出阻碍意见。

至于最后智伯惨死，这不过是一种战略的失误，智伯个人低估了赵襄子，同时强大的实力让他对韩、魏二家掉以轻心，最终三家联合，灭亡了智伯。

智伯死后，其家臣和军士大部分都投降了赵、韩、魏三家，继续享受着荣华富贵，豫让本亦可屈身于赵襄子名下，以赵襄子之宽阔胸襟，必待他如国士。但是，他并没有这么做，“既已委质臣事人，而求杀之，是怀二心以事其君也。且吾所为者极难耳！然所以为此者，将以愧天下后世之为人臣怀二心以事其君者也。”

豫让，晋国人，早年曾在中行氏和范氏的手下做事，因不受重用，转投智伯门下。他与智伯一见如故，智伯待他如国士，给他最好的待遇，对其进谏也常常采纳。在智伯门下，豫让如鱼得水，有了一个施展自己抱负的平台。

但遗憾的是，智伯终于败给了赵、韩、魏三家联军，惨死。豫让为报智伯之仇，遵循着“士为知己者死”的信条，吞炭毁容，放弃一切。不过，因其并非绝世高手，且赵襄子的防卫森严，其无机可乘。

豫让临死都坚定着“士为知己者死”这一信条，他放下一个刺客的尊严，坚守着作为智伯国士的身份，恳求赵襄子脱其衣，让他刺上三剑，以慰智伯于九泉。最终，他跃起，刺衣三下，然后自刎而死。

▶Part 1

主人之死、誓报此仇
——设计刺杀、为报主恩

智伯死后，赵襄子广招智伯属下的能人义士，有不少人就在这一时期投靠了过去。所谓识时务者为俊杰，有阳光大道走，又何必走鬼门关呢。可是，豫让并不这么想，所谓的荣华富贵他并不需要，智伯待他如国士，有知遇之恩，他必须报恩。而对于赵襄子扔出的糖衣炮弹，他置之不理。

1. 主子之仇、知恩必报——国士刺客、舍弃繁华

天色昏黄，肃杀的秋风卷着一股股尸臭传入赵襄子的大帐。这已经是第三个年头了，智、韩、魏三路大军联手对晋阳城的围攻。

赵襄子倚着残砖破瓦，仰面向天。现如今，他不敢站在城楼上看晋阳城，只因惨不忍睹。他想，那一定是一幅惨绝人寰的景象，到处都是积水，到处都是漂浮着的尸体，所有还活着的晋阳百姓，都在易子而食。想到这些，他就不寒而栗。

所有这一切都是一个人造成的，这个人现在就在城外，他就是智瑶。

他、智瑶、韩庚子、魏桓子四个人都是晋国的卿大夫，晋国的国君只是一个虚架子，根本就没有了权力。早在几年前，晋国的大权实际上就掌握在六位卿大夫的手中。

不过，在六位卿大夫逐渐架空晋国国君权力的过程中，智氏、韩氏、赵氏、魏氏实行新的经济改革，发展得比较快。逐渐淘汰了中行氏和范氏。在内部的兼并战争中，智氏坐上了头把交椅。韩、赵、魏三方虽然实力都比较强大，但是若论单挑，都无法和智氏相抗衡。若群殴，三位卿大夫或许还有戏。

这样，就会产生两个决然不同的结果：一个是韩、赵、魏三方联手，拼死一搏，干掉智氏；另一种是智氏逐个消灭三方，然后取晋国国君代之。

好戏就这样上演了……

智氏之所以会首先拿赵襄子开刀，是因为赵襄子不给智氏面子。人强大了就会嚣张，这是很正常的事。晋国最强大的是智氏，他当然希望一统晋国，当真正的老大。可就在智氏提出要三方都给他进献土地的时候，赵襄子不干了。

赵襄子也并不是指望着在土地上盖楼盘，狠赚一笔。那个时候没这个概念，战国初期，中国的人还不是很多，房地产还不是一

个问题。

韩氏和魏氏都上交土地了，他们干不过。赵襄子这人脾气比较倔，他不想屈服在智氏的淫威之下，第一个站起来说“不”。

赵襄子之所以敢于说不，还是有深层次原因的，若赵氏想要在晋国内部的争斗中不败下阵，就必须守住目前所掌控的土地。但是若将部分土地轻易交给了智氏，赵氏想要翻身就难了。

赵襄子本来是庶出，他老爸是赵简子，（前不久，吵得热热闹闹的大片《赵氏孤儿》中的那个孤儿赵武，就是赵简子他爷爷。）刚开始，赵简子敲定的继承人是太子伯鲁。在那个长子继承制风行的时代，赵襄子想要取太子而代之，简直是天方夜谭。但是，他做到了。

他始终相信是金子总会发光的，他玩命地学习，顽固子弟的一切习性都与他绝缘。但是，太子伯鲁却是一个蠢货，他满以为自己是太子，全世界都实行长子继承制，他的继承人的地位永远都不可能改变。

有这种思想在伯鲁的心里作怪，在很多事情上他就或多或少的惹怒他老爸，加上不务正业，所以，在谋术上和赵襄子根本无法比拟。

有一天，赵简子召见诸子，他说他在常山埋了一块宝藏，希望儿子们去把它找出来，最先找到的人当然是有丰厚的赏赐的。于是赵简子所有的儿子都去找宝藏了，只有赵襄子一个人按兵不动，待在家里优哉游哉。

最后，所有的人都回来了，表示并没有找到什么宝藏。常山太大，根本就找不出。只有赵襄子微笑着说，他找到了。

众人一想就纳闷了，这王八蛋整天待在家，都没出去找过，怎么倒被他找到了？

原来赵简子也不是什么好东西，故意玩什么玄的，常山有宝藏，这不过是一种虚话。但这种虚话，只有读书读得多的赵襄子能明白其中的道理。宝藏，说白了就是常山有地理优势，只要赵家占据了常山，凭借常山的天险，他们就能攻占常山旁边的代国，将方圆数百里的土地全都纳入赵国的版图，这难道不是宝藏？

赵简子听了赵襄子的分析，觉得孺子可教，此子可以光大赵氏家族。于是把没用的太子伯鲁给废掉了，赵襄子被立为继承人。

被立为继承人后，很快赵襄子便展现出自己的才华，他借自己的姐姐是代国国后的机会，下了张请柬，请姐姐和姐夫吃饭。实际上这是一场鸿门宴，赵襄子是想让姐夫有来无回。天底下最狠毒的小舅子莫过于赵襄子。

他姐姐和姐夫没怎么想，以为是小舅子被立为继承人了，心情高兴，所以想叫自家人过来聚聚，喝两杯。谁知，赵襄子这王八蛋根本就是个畜生，在代国国君的酒里下了药，他喝完就挂了。其他跟随代国国君前来的重臣也都被赵氏军队给围歼了，他姐姐一看弟弟是只披着羊皮的狼，号泣而死。赵襄子带兵，一举攻下了代国。

赵襄子继承老爸的封号后，作为晋国势力最强的智伯就开始对他发飙了，经常有事没事就找赵襄子的麻烦。赵襄子和智伯两人都是十分有才能的领导者，两个人都有野心，都想在晋国内部占据领导地位。但是智伯在刚开始更胜一筹，势力相当强大，其他诸家族都不敢和智伯明着干。

有一次在攻伐郑国的时候，智伯还故意发酒疯，将酒杯扔到赵

襄子的脸上,并说了些骂爹骂娘的话。还好是赵襄子脾气好,有忍性。这事要是搁在齐达内的身上,早就用头把他撞倒在地了。

赵襄子能够忍受这种屈辱,但是他手下人都不干了,主辱臣死,和智伯拼命。赵襄子笑着说,当年我老爸之所以选择我为继承人,主要是看中了我有忍劲,现在还不是动手的时候。

智伯也是,赵襄子虽然长得丑,你说一次两次就行了,没有必要总说人家。人家又没怎么招惹你,何必呢?可是智伯就是对准赵襄子不放,也许是英雄看着英雄不爽吧!没过几年,智伯又来找赵襄子的麻烦了。这一次,智伯再不争口舌之利了,他要土地。

开玩笑,土地都是拿命拼回来的,凭什么你智伯开口说要土地,我赵襄子就必须给你,赵襄子不干。可是韩庚子和魏桓子已举白旗表示投降了,智伯对于赵襄子的举动表示很遗憾。

遗憾怎么办?那就打呗,反正双方都有这个打算。智伯打赵襄子也不是单方面出兵,他纠合的是三方联军,也就是晋国内除赵襄子外的其他三大家族。智氏、韩氏、魏氏三支军队对赵氏发起了攻击。

三方联军取得了对赵氏的绝对优势,所以在战争刚开始,联军取得连连胜利,赵氏只能退到最后的据点晋阳。如果晋阳被三方联军攻克,那么赵氏就有可能消失在历史的舞台上。

赵襄子之所以选择晋阳作为防守的最后据点,是因为晋阳城有守城所需要的一切东西,粮草最少能够坚持一两年,还有战具。如若三方联军围攻晋阳城的话,赵襄子有足够的缓冲时间。

三方联军攻打晋阳城三年无果,不是三方联军不给力,实在是晋阳城的老百姓个个都是不怕死的主。晋阳城的老百姓也都不知道吃了什么药,个个对赵襄子十分忠心。围城三年,城中没有一个

人想过去投降。

后来智伯实在没办法了，派人在晋阳城外挖通了一条河道，连接汾水和晋阳城，然后筑堤，将河水都圈起来。正好，工程刚刚完工，老天爷就帮了智伯一个大忙，接连下了十数日的大雨，坝中积满了水。

一场轰轰烈烈的水淹晋阳城就开始了，晋阳城一下子就被死神横扫了一遍，到处都能见到尸体，快成了空城。在这危急的关头，赵襄子绝处逢生。

他派遣属下人前去韩氏和魏氏的大营，晓之以理、动之以情，申明唇亡齿寒的道理。晋阳城告破在即，如若赵氏灭亡，那么凭借韩氏和魏氏的实力根本无法与智伯相抗衡，最后只有灭亡一条路。因此，三方想要长存，就必须联手干掉智伯。

韩庚子和魏桓子都是被智伯胁迫前来攻打晋阳城的，他们也都明白唇亡齿寒的道理，只是一直都找不到合适的机会。现在，赵襄子送来了一个绝佳的机会，里应外合。加上智伯对韩庚子和魏桓子没有防备之心，此时里应外合，一定能成功。

智伯并不是不知道韩庚子和魏桓子二人一直都有异心，只是战争进行到最后的阶段，眼看着就能攻陷晋阳城了，不能在这个时候搞内部分裂。不然，这三年来的牺牲就全都白费了，他必须表现出对韩庚子和魏桓子二人的信任，以取得三方在攻打晋阳问题上的一致。

但是智伯并没有想到，赵襄子、韩庚子、魏桓子三人在暗地里早已勾结，韩庚子、魏桓子背地反戈一击，赵襄子从晋阳正面出击。智伯还来不及调兵遣将就被害了。

三年的攻坚战最后以智伯的死亡宣告失败，但是，事情并没有

完结。赵襄子为了泄愤，将智伯的脑袋给剁了，用他的脑袋当做夜壶。赵襄子也还真有点 BT，用个人头当夜壶，晚上起来便便的时候，他竟然不感觉害怕，绝！

智伯被残忍的杀害后，一个人就站到了历史的前台，这个人就是杀手豫让。智伯死后，他逃遁山中，向天发誓："嗟乎！士为知己者死，女为悦己者容。今智伯知我，我必为报仇而死，以报智伯，则吾魂魄不愧矣。"

智伯死后，赵襄子广招智伯属下的能人义士，有不少人就在这一时期投靠了过去。所谓识时务者为俊杰，有阳光大道走，又何必走鬼门关呢。可是，豫让并不这么想，所谓的荣华富贵他并不需要，智伯待他如国士，有知遇之恩，他必须报恩。而对于赵襄子扔出的糖衣炮弹，他置之不理。

2. 屈身隐忍、厕所行刺——放弃一切、只为报恩

豫让是一个政客出身，小时候的理想无非就是报效祖国，实现自身的价值。他有正确的价值观、人生观。但是他接连在中行氏和范氏的手上都没得到重用，连起草个文书都没他的份。

中行氏和范氏被智伯灭了之后，豫让同志也就投靠到了智伯的手下。

智伯对豫让相当礼让，把豫让当做一个国士对待，这是一种高规格的礼遇。名车、豪宅，只要豫让开口，一切都不在话下。豫让在智伯这里享受的全都是五星级待遇，智伯就差把自己贡献给豫让了。

但是，就是这么好的一个领导人，却在晋阳大战中身败名裂，连脑袋都被剁下来给人家当夜壶了。士为知己者死的好同志，他宁愿放弃一切，也要为主子报仇。其实，放在他面前的选择很多，即使他不投靠赵襄子，他也可以隐姓埋名，凭借之前的一些积蓄，做一些小本生意，养家糊口。但是，他并没有选择安逸的生活，作为一个国士，“知恩必报”是最基本的信条，即使是为对自己有知遇之恩的智伯而死，亦无憾。

但是，他是一个没受过专业训练的刺客，连最基本的暗杀方式都不懂，应该怎样才能杀掉赵襄子呢？

想来想去，他都没想到什么高明的办法。最后只能是改名换姓（反正那时候也没身份证这东西），伪装成自己是一个受过刑的囚犯，被强制要求去赵襄子家去打扫卫生间。（事情正好就是有这么凑巧，偏偏被派到赵襄子的家打扫卫生间。）

豫让同志整天有事没事都是在厕所度过，有事就打扫厕所，没事就在厕所蹲着。很少见他在其他地方出没，他这一招叫做守株待兔。聪明的刺客都不搞这一套，加上豫让的伪装也不高明，所以，成功概率相当低。

功夫不负有心人，等了很多天，终于等到有一天赵襄子要来豫让负责打扫的厕所这边方便了。豫让心里那个激动啊，手中行刺的刀都差点激动得掉进厕所了。他哆嗦地躲在厕所里面，只要赵襄子进来，他就动刀。

可是，赵襄子在刑侦方面是个一流货色，对于杀气这种传说中的东西，他表现得很敏感。离厕所还差几步之遥的时候，他突然感觉到厕所里有一种强烈地杀气，而且他感觉茅房的茅草

动了一下。他的第一感觉就是，厕所里面一定有人，而且是来对他不利的人。

于是，他马上召集侍卫，让侍卫对厕所进行搜查。可怜的豫让还没动手就被发现了，被抓住了怎么说都是一个无期。

豫让选择了交出兵器，但他并不投降。他是一个勇敢者，一个不会行刺的刺客。赵襄子的记性挺好的，第一眼就认出了豫让。

"你就是智伯手下的豫让？"

"不错，正是爷。"

"你的胆子也太大了，竟敢过来行刺寡人，能否给一个行刺的理由。"

"你杀了我的主人智伯，而且还对他进行了侮辱，我必须要为主人报仇。"豫让说得慷慨激昂，当然，这些都是他的心里话。他之所以甘心做刺客，也都是因为想要为智伯报仇，尽到他国士的责任。

"你要为你的主人报仇？"赵襄子初听觉得很讽刺，豫让是个什么人，他是一个人尽皆知的叛徒，他已经三易其主，他竟然也口口声声地说为主人报仇。"中行氏和范氏都是你的主人，智伯把他们都消灭了，你为何不报仇，还甘心在智伯属下做事，现在还为他报仇？"

豫让发出了冷笑："范氏、中行氏，我寒而不我衣，我饥而不我食，而时使我与千人共其养，是众人畜我也。夫众人畜我者，我亦众人事之。至于智氏则不然，出则乘我以车，入则足我以养，众人广朝，而必加礼于吾所，是国士畜我也。夫国士畜我者，我亦国士事之。"

意思就是说，以前我在中行氏和范氏属下工作的时候，他们两

个根本就没把我放在眼里，我饥寒交迫他们都不管，一点都没有领导人的风范。而智伯就不同了，他把我当成国士对待。不要小看国士，在先秦时期分为士农工商四大阶级，士是排在第一位的。就相当于豫让一下子从一个普通的工人被提拔为总工程师一样，那感觉说不出来有多爽。智伯一死，他的这种待遇自然就没有了，豫让是一个讲义气的人，当然会为智伯报仇。

赵襄子手下的士兵们都知道豫让是智伯的余孽，是一个行刺的恐怖分子，当场就要做掉豫让。但是被赵襄子制止了，豫让的一番话把赵襄子感动得不行，赵襄子没有 Hold 住，当场赞扬起豫让来，夸豫让是一名义士。智伯炙手可热之时，手下的人千千万万，可是他死后没有一个人为他报仇，直到今天才见到豫让这一义士。

赵襄子的手下都蒙了，领导这是怎么回事？怎么拼命夸恐怖分子，这反恐工作还做不做了？

最后，赵襄子竟然放走了豫让。可是豫让并没有感激赵襄子，他的心已经完全给了智伯，士为知己者死，他余下的人生都是用来给智伯报仇的，这才是一个国士所为。

“不杀之恩，在此谢过，不过有朝一日，我豫让一定会再来血债血偿的。”他是一个光明磊落的人，赵襄子也是一个胸怀宽广的人，如果他在智伯之前遇见赵襄子，或许他们两个也会是知己。

第一次行刺以失败而告终，豫让从赵襄子的行宫出来就开始总结失败的经验，一个好的刺客在面对失败的时候，必须有清醒地认识。豫让总结出，他没有做到出其不意，如果在赵襄子一点防备都没有的时候，或许能一击致命。

▶**Part 2**

吞炭毁容、伺机而动
——国士所为、杀身成仁

豫让每天晚上都从噩梦中惊醒，梦中，智伯死不瞑目的双眼一直盯着他，仿佛在催促他赶快报仇。多少次他全身是汗的从梦中醒来，一想到智伯的脑袋被赵襄子做成了夜壶，他就心如刀绞。赵襄子虽然是一个心胸宽广的人，但是在豫让看来，他必须死，因为只有这样，才能告慰九泉之下的智伯。

1. 吞炭毁容、混迹市井——国士所为、毁身无悔

怎么办？赵襄子已经将他豫让刻进了心底，只要他出现，赵襄子都会防备的。最好的办法就是整容，韩国太远，花的时间太多，

还是自力更生。但是，豫让竟然把整容搞成了毁容，这就是技术不成熟的缘故。

他将漆涂满身，将烧得火红的炭放在嘴巴里，烧坏自己的舌头和喉咙，他只有一个目的，毁容、自残。让赵襄子认不出他来。

难道他是一个神经病？不是神经病怎么会做出这么自残的举动来？

他不是神经病，他的心里比谁都清楚，他是一个为知己而死的国士。只因智伯对他有恩，他在第一次行刺失败之后，宁可自残也要再次为智伯报仇。

他的脸上没有一块地方是好的了，除了眼神中的仇恨依旧，他还是豫让吗？

他回家，妻子差点儿吓得晕过去，根本就不认识他了，还以为是强奸犯闯到家中。豫让心里狂喜，连睡在一个炕上的妻子都不认识自己了，说明自己毁容成功，间接地证明自己有机会刺杀赵襄子了。

为了保险起见，他又去见他的朋友，看朋友们是否还认得出。所有的朋友都把他当成是一个丑陋的疯子、乞丐，他全身散发出恶臭，没有人知道，这就是曾经的国士豫让。

所到之处，尽是驱赶之声，终有一日，一位友人认出了他。“你莫不是我友豫让乎？”

豫让？多么熟悉的一个名字啊，已经有太久没听到这个名字了，甚至连他自己都差点儿忘了他叫豫让。

两行热泪从豫让的脸上悄然滑落，他声音嘶哑，漆满全身，“我现在这副样子，连我自己的妻子都不认识我了，想不到今天竟然被

君识破！”豫让不知该感激还是心酸。

他的这个朋友心酸地掉泪，看着曾经风流倜傥的豫让成了现在这样，一点都没有犀利哥的味道。“你这是何苦呢？以你的才华，大可以先委身在赵襄子门下，等到他信任你之后，你再刺杀他，不是易如反掌吗？何苦这样、何苦这样？”

豫让摇摇头，笑了笑，可是他的笑比哭还要难看，他正气凛然地说：“如果让我先委身于赵襄子，那就是二心事君，一女不嫁二夫，忠臣不事二主。我豫让是国士，怎么能做出这种耻辱的事呢。”

其友劝说无效，只能怏怏离开。或许，一个国士的心他是不会明白的。

豫让看着天边如血的残阳，冷笑、苦笑……

豫让每天晚上都从噩梦中惊醒，梦中，智伯死不瞑目的双眼一直盯着他，仿佛在催促他赶快报仇。多少次他全身是汗的从梦中醒来，一想到智伯的脑袋被赵襄子做成了夜壶，他就心如刀绞。赵襄子虽然是一个心胸宽广的人，但是在豫让看来，他必须死，因为只有这样，才能告慰九泉之下的智伯。

他通过各种渠道，知道赵襄子的行踪，他知道在某日赵襄子会出去打猎，会经过某座桥。于是，这一日，他怀揣着每天都磨得光亮的匕首埋伏在了桥下。桥周围很热闹，这里是一个大集市，也是流浪人的聚集地，豫让隐藏在这里。

赵襄子的卫兵们在赵襄子到来之前，将道路进行了封锁，桥底下的人都被赶走，但是聪明伶俐的豫让躲过了士兵们的视线。

他手持匕首激动地听着桥上面的动静，他的血脉膨胀，他的仇人马上就要来了。这一次，是他最好的机会，他只能成功。

马车中的赵襄子这些日子偶尔会想起豫让，很长一段时间没有了豫让的消息，他还记得豫让临走之前说过的一句话，他要他血债血偿。赵襄子相信，豫让迟早都会再来报仇的。

可是，豫让到底在哪呢？

如果可能的话，他想要把豫让招揽过来，现在经济萧条，流民越来越多，老百姓的日子都不好过，随着反恐力度扩大，刺客们的出路也越来越少。这个时候招揽豫让，他或许会答应。

他坐在车中，有些昏昏沉沉，日复一日的战争、钩心斗角，他觉得有些累了，他越来越觉得豫让是一个真正地义士了，赵襄子十分羡慕，智伯能有这样一个国士。

2. 不忘旧君、最后刺杀——情之所至、杀身成仁

就在这时，马声嘶鸣，不肯再往前行，昏昏入睡的赵襄子被惊醒，他的第一反应就是恐怖分子豫让来了。

豫让的气场太强大了，强大得把马都吓着了，不明白的人还以为豫让要打出一套降龙十八掌了。如果豫让真的会那种乱七八糟的武功的话，行刺或许就不用那么麻烦了。关键是，他什么武功都不会，这一辈子连马步都没扎几个。做刺客也只是因为感恩，并不是说他有多厉害。

可就是这么一个一点儿武功都不会的人，在那一刹那释放出的气场竟然将马都吓着了，可见豫让心中的仇恨。

赵襄子的卫队再一次将桥包围，豫让又一次被带了出来。当

然，没有人知道他是豫让，他现在是一个丑得不能再丑的恐怖分子，是一个被狙击的对象。

“你是谁?”赵襄子的确已经不认识眼前这个臭叫花子了。

“我是谁?”豫让冷笑，“你还欠我一笔血债，难道你连我都忘了?”

赵襄子的心一惊、一凉，眼前的这个人就是豫让？他眼中复仇的怒火让赵襄子相信，他的确就是豫让。

“你是豫让?”

“不错，谢谢你还记得我。”

“你怎么弄成这种样子了，整容失败了?”

“为了杀你，我愿意牺牲一切。”豫让已经做好死的准备了，从做刺客的那一天开始，他就准备死，为智伯而死。

“好，果然是义士!”赵襄子高声称赞，“可是你知道，这一次我不能再放过你。不然，我赵襄子在国际上就没什么地位了，我还想入选来年的战国杂志的封面人物呢。”

“我也没打算再活下去，这一次不是你死就是我活。”豫让开始向天号泣起来，他恨，直到最后，他还是没能给自己的主人报仇；他恨，恨自己两次行刺都失败了；他恨，恨老天爷不长眼。

“你是一个贤明的君主，上一次你放过我，赢得了天下人的赞美，说你宽厚仁慈。士为知己者死，为替智伯报仇，我死而无憾。这一次你要杀我，我并无怨言。不过，最后我恳求您，让我死得其所。我有最后一个恳求。”

“什么请求?”

“我希望你能脱下外衣，让我在上面捅几刀，就算是我为主人

报仇了，这样我也死而无憾了。”

赵襄子一惊，有一种想流泪的冲动，这是一个国士最后的请求，他没有求饶，也没有要求分福利房，更没有要求给他的子女们找份好工作。他只是要求刺仇人的衣服几下，算是报仇雪恨。

赵襄子不得不承认，他又被感动了。这真 TM 有意思，两次被一个恐怖分子感动。但感动归感动，杀还是要杀的。

他脱下了长袍，命人递给豫让。豫让郑重地接过仇人的长袍，看了看，感慨万千。他向赵襄子深深鞠了一躬，他跪地，向天。

史料记载：“豫让拔剑三跃而击之，曰：‘吾可以下报智伯矣！’遂伏剑自杀。”

他猛地跃起，手中的匕首刺向了那件长袍，一下、两下、三下。长袍之上印现出三个窟窿，风吹过，将长袍刮起。

“智伯，豫让为您报仇了。”豫让声音哽咽，环顾四周。他提剑，靠勃，自刎而死。

赵襄子看着倒在血泊中的豫让，良久无语……

天边，如血残霞……

狂风陡起，落叶纷飞……

他至死都是将“士为知己者死”视为信条，从不违背，他的信念只有一个：为智伯报仇，无论花费多大的代价，即使是死。至死，他都没有变过，他是一个纯爷们。

伍:聂政
——如果刺客只是个传说

听说聂政是一个武林高手,严仲子就带着银子过来请聂政了。但是聂政并不买账,他也没想过走入杀手这一行,他觉得搞点儿小本经营,养活一家人就够了,没有必要弄得去卖命。

聂政当时就表示,我家里有七十岁的老母,还有一个未出嫁的姐姐,我要打工挣钱去养活他们,像暗杀这种高风险的事情,我现在是不会做的。

▶前　　言

历史发展至战国时代，刺客行业越来越兴盛，因为这一行业的兴盛，也使得刺客出现了多极分化，各人当刺客的目的也不尽相同。有的为义；有的为名；有的为忠；有的为钱；还有的为报仇。总之，真正只抱着“士为知己者死”信念的刺客，已经少之又少。

聂政，出生年不详，因年少轻狂，误杀一人，逃往齐国。在齐国，聂政侍奉老母亲，供养姐姐，甘愿选择在齐国做一个屠户。他隐姓埋名，不问世事，本欲在齐国做一个普通的百姓，过一辈子。

谁料，韩国国相严仲子政治失意，避难齐国，欲寻人复仇，几番打听，找到聂政，想尽办法与聂政接近，大恩小惠尽施，只为请聂政出山。

对于严仲子的大恩小惠，聂政曾表示：“臣幸有老母，家贫，客游以为狗屠，可以旦夕得甘毳以养亲。亲供养备，不敢当仲子之赐。”且进一步表示“臣所以降志辱身居市井屠者，徒幸以养老母；老母在，政身未敢以许人也。”

“百善孝为先”，聂政是一位孝子，他从小丧父，母亲一人含辛茹苦将他姐弟俩拉扯大，所受之苦，可想而知。故聂政表示：“老母在，政身未敢以许人也。”

不论聂政的态度如何，严仲子始终表现得很慷慨，且极尽宾主之礼，并不给聂政施压。让聂政从内心感到，严仲子是其知己，故而“士为知己者死”。因此，当聂政老母亲去世之后，聂政独自一人，前去韩国，为严仲子报仇。

然而，作为战国最具盛名的“四大刺客”之一，聂政的刺客路究竟是怎样的呢？

▶Part 1

剑舞九天、杀身成仁
——独闯龙潭虎穴

聂政的一招“白虹贯日”做掉了侠累，他的这些保镖们还不知道发生了什么事，等到反应过来的时候，侠累已经倒在了血泊之中，连急救都不用叫了。

保镖们把门关上，准备来一招“关门打狗”，将聂政围在中央。此时，聂政完全发挥了生平所学，手中的长剑舞得虎虎生威，片刻工夫就杀掉了几十人，这些人都是侠累从国防部队中抽调出来的好手，但是全都被聂政给解决掉，聂政到底有多厉害，可想而知。

1. 纵然知遇、决不应承——侍奉老母、供养姐姐

聂政，本是魏国的一个普普通通的在籍老百姓，要是不发生后来的事，他和自己的母亲和姐姐或许就一辈子在魏国做良民下去，加上他自己有点本事，说不定机遇好一点儿还能混出个人样。

但是，因为处在春秋战国这么一个大的社会背景之下，要想出人头地，首先就要会一点儿文治武功，他小时候对读书没什么兴趣，加之父亲死得早，母亲单独把他拉扯他，也没那么多闲钱供他去读书，他的学业也就荒废了。不过他对习武情有独钟，习武的天赋也比较高，随着年龄的增长，他竟成了一个高手。

但是，他不是一个有理想、有追求、有道德的好青年，在住的地方还经常闹些事，与社会上的不良青年混杂在一起，他个人常常以单亲家庭作为借口。后来不知怎么和混在一起的那群年轻人闹掰了，他动手杀了一个人，受害者家庭去官府报案之后，聂政才意识到事态的严重性。

他回到家，和母亲姐姐一商量，三十六计，走为上计，聂家就这么一个传家接代的了，不能这么就进了监狱，一命抵一命。

官府发出逮捕令的时候，聂政一家已经在逃亡齐国的路上了，现在他是一个魏国通缉的杀人犯，他只有偷渡出国才能保证自己的一条小命。

他们最终逃过了魏国政府的通缉，偷渡到了齐国，不过那时候诸侯国对于人口查得不怎么严，各国的边境上也没有设置什么官

员来管理这个事情。诸侯国的国主们反倒都希望别的国家的人才都跑到自己国家来服务，所以，聂政顺利地在齐国定居下来。

由于各国人口流失得太严重，不好搞什么人口普查，也不是说你在哪国你的户口就在哪国，身处齐国的聂政一家，户口其实都还在魏国。

聂政作为一个外来户，在齐国也不敢再放肆，要是再在齐国也闹出一个什么事，他们一家就真的是身无立足之处了。

所以，他在齐国搞起了个体经营，当起了卖猪肉的，小本经营，每天的日子也就这么过着。

他渐渐地成了那片区域的猪肉王子，多少良家妇女都喜欢来他的摊位买猪肉，他是一个本分老实的人。一家人虽然在异国他乡，但是也过得很舒坦，本来以为日子就会这么一直过下去，他娶妻生子，姐姐嫁出去，他们成了齐国人。

但是，故事并没有这么发展下去，有一个人搅乱了他的生活，一个叫严仲子的人走进了他的生活。

严仲子是韩国的一位高官，官僚层的事情是最复杂的，越是往上走，斗争就越激烈，严仲子就是在斗争中的失败者。他败给了韩国国君的叔叔，严仲子之前在韩国的政坛可谓是呼风唤雨的人物，但随着韩国国相侠累的崛起，严仲子失去了在朝中的霸主地位。

两个人都组成了自己的政党，每天都在朝堂之上吵闹，双方提出来的项目都会有人反对。因为侠累同志有国君的支持，严仲子渐渐在政党的竞争中处于下风，韩相侠累的政党在竞选中胜出。

成王败寇，作为一个失败者，严仲子害怕遭到侠累的暗杀，所以就逃出了韩国，前往齐国寻求政治庇护。

刚才已经说过，各国政府都希望能够尽力招揽别国的人才，严仲子是一个难得的人才，对于他的到来，齐国政府自然欢迎之至。

不过，严仲子这人肚量比较小，在政治斗争失败后，他一直都在找杀手杀侠累。来到齐国之后，才听说了聂政的威名。这事情也奇怪，聂政这个杀人犯来到齐国之后，一向都是谨守本分，从来不干什么出格的事，也不知道他的名气是怎么打出去的。

听说聂政是一个武林高手，严仲子就带着银子过来请聂政了。但是聂政并不买账，他也没想过走入杀手这一行，他觉得搞点儿小本经营，养活一家人就够了，没有必要弄得去卖命。

聂政当时就表示，我家里有七十岁的老母，还有一个未出嫁的姐姐，我要打工挣钱去养活他们，像暗杀这种高风险的事情，我现在是不会做的。

严仲子见聂政不答应就走了，但是他是一个不死心的人，他觉得这个世界上没有钱解决不了的问题，他是一个政客，他是一个流亡在他国的政客，曾经他是一国政坛上风云的政客，他翻手为云覆手为雨，他懂得钱这个东西的妙处。

但是聂政并不是他想的那种人，不过严仲子不放弃，所以，那天聂政老母亲大寿，他也跑过来喝寿酒，并且带了很多礼物，加起来值好几百两，这些都够聂政卖一辈子的猪肉了。

对于这种厚重的寿礼，聂政是有心理准备的，他问明了严仲子的来意，严仲子还是那句话，就想找一个好杀手，去搞点儿恐怖袭击，没什么大不了的。

聂政还是拒绝了，他也没收严仲子的寿礼，几百两黄金买的东西，收下了就表示聂政要帮严仲子办事。

严仲子说,送出去的礼物哪还有收回来的道理。不过,聂政就是一个认死理的人,最后还是没收这个礼物。

聂政,“轵深井里人也。杀人避仇,与母、姊如齐,以屠为事。”他心里清楚,自己身上的使命与责任,他要照顾老母亲和姐姐,不管严仲子是否对他有知遇之恩,他都不能接受,一个男人、一个儿子,总有自己卸不了的责任。只要他收下严仲子的礼物,就表示他要为严仲子办事,那么他就要抛开老母亲和姐姐,他不会这么做。

严仲子离开了,不过他总是在生活中给聂家施一点小恩小惠的,让聂政感动一下,后来还帮聂政的姐姐聂荣找了一个婆家,算是帮了聂政一个相当大的忙。

没过多久,聂政的老母亲就病逝了,加上他姐姐也结婚了,他也就没什么牵挂了。为母亲守孝三年之后,聂政想到了这个严仲子老先生。

聂政曰:“嗟乎!政乃市井之人,鼓刀以屠;而严仲子乃诸侯之卿相也,不远千里,枉车骑而交臣。臣之所以待之,至浅显矣,未有大功可以称者,而严仲子奉百金为亲寿,我虽不受,然是者徒深知政也。夫贤者以感忿睚眦之意而亲信穷僻之人,而政独安得嘿然而已乎!且前日要政,政徒以老母;老母今以天年终,政将为知己者用。”

他一路寻访到了严仲子的别墅,见了严仲子之后,只问了一句话,你的仇人是谁,我去帮你解决。这就是一个为报知遇之恩的坚毅男人,他没有那么多矫揉造作,也不需要问太多什么,更加不去考虑能否或者回来,他只想报知遇之恩。

见严仲子曰:“前日所以不许仲子者,徒以亲在;今不幸而母以

天年终。仲子所欲报仇者为谁？请得从事焉！”

多么霸气的聂政，很简单的一句话，却让严仲子听起来很有安全感。他说我的仇人就是韩国的国相，那 WBD 和我有老深的仇，只要你帮我做掉他，你想要什么我就能给你什么。

聂政并不是一个为了钱才去谋杀的人，他只是感恩于严仲子对他聂家有恩，严仲子对他本人也有知遇之恩，所以，在“士为知己者死”信念的感触之下，他去刺杀侠累只是为了报恩。

聂政没有想过自己需要的是什么，他的思想很简单，在齐国的这么多年，严仲子一直都在暗中帮他，他必须要报答他。怎样报答，豁出命去位他杀人就是最好的报答。

严仲子当时就慷慨的表示，哥们，你需要多少人，尽管开口，我都来给你安排，只要你能杀掉侠累就行。

聂政表示得很淡定，帮手？开玩笑，我聂政杀人是不需要帮手的，我们离韩国比较近，要是动员百十来人去韩国搞恐怖袭击的话，甚至连安检都过不了，架势不能太大，否则目标就太大，容易成为别国政府攻击的目标。聂政说，我一个人去就行了，你的杀手就留给自己做保镖吧！

聂政真的选择了一个人单干，他拿了点盘缠，独自一人上路去刺杀韩相侠累了。会有什么样的结果？他从来都没有考虑过。一个真正的男人下定决心去做一件事后，就不会考虑后果。

2. 剑舞九天、杀出重围——知遇之恩、助其复仇

聂政虽然是魏国的杀人犯，但那已经是好多年前的事了，国际刑警也没对他发出通缉令，所以多年之后，当他踏上韩国领土的时候，没人认出来他是杀人犯。况且在那个时代，刺客杀人是很正常的事情，官府也懒得去管。

聂政在暗杀之前竟然没搞什么现场勘探之类的，也没搞什么精密的计划，他仿佛是一个大老粗，直接拿着剑就跑到了侠累的家门口，家丁问他什么事，他也不答，拔剑而出，砍了两个人就冲进了院里。

大厅，侠累正坐在椅子上思考着什么，聂政并没有留给侠累问问题的时间，他一招“白虹贯日”飞洒而出，整个身子也跃上了大厅的阶梯。仅仅一招，侠累就命丧当场，“白虹贯日”也成了天下知名的厉害招数。

仅仅凭借这一点，聂政就成了天下最厉害的刺客，荆轲或许都打不过他，因为荆轲在刺杀秦王嬴政的时候，也就是用匕首戳了嬴政几下，而且都还没戳上，最终结果是刺杀以失败而告终，荆轲同志也命丧当场。

但是，聂政的刺杀就不一样了，他是光明正大的刺杀，他在韩国的国都光天化日下对韩国的国相进行恐怖袭击，并且在人家的府第，有上百卫士守卫的情况下。

聂政的一招“白虹贯日”做掉了侠累，他的这些保镖们还不知

道发生了什么事，等到反应过来的时候，侠累已经倒在了血泊之中，连急救都不用叫了。

保镖们把门关上，准备来一招“关门打狗”，将聂政围在中央。此时，聂政完全发挥了生平所学，手中的长剑舞得虎虎生威，片刻工夫就杀掉了几十人，这些人都是侠累从国防部队中抽调出来的好手，但是全都被聂政给解决掉，聂政到底有多厉害，可想而知。

把侠累的侍卫全都做掉之后，韩国已经将反恐等级提高到最高级别，出动了都城所有的反恐部队，势必要将聂政捉拿。

聂政呢？沉着应对，临危不乱，虽然被上千人围着，他丝毫不以为意。

▶Part 2

曝尸异国、千里认弟
——巾帼不让须眉

消息传到齐国,正好被聂政的姐姐聂荣听见了,说是在韩国,有一个恐怖分子潜入韩相的府第,将相爷杀死,恐怖分子为了逃避法律的制裁,自杀死了,现在韩国政府正出高价访求恐怖分子的身份。聂荣一听杀的是韩相侠累,正是严仲子让聂政杀的,当时就想到了那个恐怖分子就是聂政。

1. 杀身成仁、侠之大者——为保姐姐、舍命不顾

该怎么办?虽然他武功厉害,但是要想活着逃出韩国,简直难于登天。他不是一个喜欢计划后路的刺客,他只想着完成刺杀任

务就行。这也是曾经他年纪轻轻就成为杀人犯的原因。

如果死在韩国,最后韩国的情报部门也会查出他聂政的一切情况,到时候就连累了他的亲生姐姐聂荣,聂荣做剩女做了这么多年,好不容易才嫁出去享福,不能被牵扯到这件事中来。

聂政一想,反正老子光棍一条,严仲子的知遇之恩也报了,家里也没什么担心的人了,索性死了算了。他是一个纯爷们,他的思想也是血性思想。于是他跑到大街上,在毫无征兆的情况下,他用刚刚才杀了侠累的宝剑把自己的脸剁成稀巴烂,然后把双眼都掏出来,最后剖腹自杀,完成了一个活生生的自我解剖案例。

聂政想着,把自己的脸划得稀巴烂,没有人认出他,或许就不会连累姐姐了。他的想法很简单,丝毫不为自己考虑。

一代武林高手聂政死了,闻讯赶来的反恐部队都松了一口气,要是真和聂政干上,还不知道反恐部队要死多少人,凶手自残了,这是最好的结果。

但是很快,一个棘手的问题就摆在了他们面前,这个凶手到底是谁?幕后黑手又是谁?为什么要刺杀当朝的宰相?

因为聂政的全身能够辨认身份的位置都被他自残了,那时候也不能搞什么 DNA 之类的检验,所以聂政的身份一直都是一个谜。为了解开这个谜,也为了宣示韩国的反恐决心,韩国国军将聂政的尸体暴露于集市之上,并且宣称,只要有人说出这个凶手的来历,那么就能得到一千两的赏钱。

群众都没想到,一个恐怖分子的身份竟然都能值一千两,所有的人都想领这份赏钱,但是却没有一个人能成功。

很快,在韩国的刺杀事件就传到了国际之上,所有的国家都加

强了安检，将反恐等级迅速上调，他们相信，恐怖分子绝对不是单兵作战，一定还有一个基地组织，各国政府都要警惕。

消息传到齐国，正好被聂政的姐姐聂荣听见了，说是在韩国，有一个恐怖分子潜入韩相的府第，将相爷杀死，恐怖分子为了逃避法律的制裁，自杀死了，现在韩国政府正出高价访求恐怖分子的身份。聂荣一听杀的是韩相侠累，正是严仲子让聂政杀的，当时就想到了那个恐怖分子就是聂政。

她对乡亲们说，莫非那人就是我的弟弟聂政，如果是他的话，严仲子应该是知道的。

但是，聂政的刺杀案发生之后，严仲子就像是从地球上消失了一样，再也没有音讯了，聂荣只能只身前往韩国认亲。

2. 千里赴韩、明知陷阱——为弟留名、大哭而死

虽然安检等级提高了，但是也还没到不让人出国的地步，聂荣来到韩国聂政的弃尸之处，第一眼就认出了那个凶手就是聂政。她当时就抑制不住趴在聂政的尸体上哭了起来，韩国的百姓都纳闷了，这尸体都放在这里好久了，怎么现在有一个女人趴在尸体上哭？于是就问聂荣。

聂荣回答说：他是轵深井里所谓聂政者也，也就是我弟弟。韩国人一听就更加纳闷了，小姐，你莫搞错吧！现在韩国政府正出高价寻访凶手的身份，你难道没听说吗？怎么还敢来这里认亲呢？

聂荣也是一个巾帼英雄，她伏尸哭极哀，曰：“是轵深井里所谓

聂政者也。”市行者诸众人皆曰:“此人暴虐吾国相,王县购其名姓千金,夫人不闻与?何敢来识之也?”荣应之曰:“闻之。然政所以蒙污辱自弃於市贩之间者,为老母幸无恙,妾未嫁也。亲既以天年下世,妾已嫁夫,严仲子乃察举吾弟困污之中而交之,泽厚矣,可奈何!士为知己者死,今乃以妾尚在之故,重自刑以绝从,妾其奈何畏殁身之诛,终灭贤弟之名!”大惊韩市人。乃大呼天者三,卒於邑悲哀而死政之旁。

聂荣一把鼻涕一把泪地说,我弟弟这一辈子苦啊!打小就没了爹,他是一个有志气的孩子,长大以后,为了我母亲和我,他甘心忍辱在菜市场摆一个卖猪肉的摊子,后来韩国的严仲子对他有知遇之恩,让他去帮忙杀人,他也没干,这些都是因为想要保护我们的缘故。现在老母亲已经西游了,我也出嫁了,他一身无牵挂了,所以就来替严仲子做事了。士为知己者死,我弟弟聂政是一个大英雄,我怎么能够因为保护自己而埋没了我弟弟的名声呢?

韩国的百姓听完这席话都大为惊叹,还没等他们把吃惊的表情做完,聂荣就大叫三声“天啊!”,然后就因伤心过度,心力交瘁而死。

这一下把韩国的国民们看得目瞪口呆,一个姐姐为了留下弟弟的名声竟然也跟着死了,这是多么伟大的一个女人啊?

聂荣的这件事也很快便从韩国传了出去,这一次出乎意料的是,其他几国政府的首领竟然对这件事都表示赞许,都没想到恐怖分子竟然还有这么好的姐姐,反正恐怖分子已经死了,这责任也就不追究了。

韩国政府为了顺应国际舆论,只能对聂政姐弟表示不再追究,命令韩国当地的民众把聂政姐弟给好好安葬了。

陆:朱亥
——做刺客挺好

秦国政府的人一看就傻眼了,没想到朱亥连老虎都能吓得住。没办法,他们只能囚禁朱亥,希望可以慢慢软化他。但是朱亥是一个真性情的男子汉,他想在牢中撞柱而死,但是柱子被撞断,他都没死。他只能用手拧断自己的喉咙,以此了结自己的性命,以显示他对信陵君的忠心,显示他的忠义。

▶前　　言

古城莽苍饶荆榛，驱马荒城愁杀人。魏王宫观尽禾黍，
信陵宾客随灰尘。忆昨雄都旧朝市，轩车照耀歌钟起。
军容带甲三十万，国步连营一千里。全盛须臾那可论，
高台曲池无复存。遗墟但见狐狸迹，古地空馀草木根。
暮天摇落伤怀抱，倚剑悲歌对秋草。侠客犹传朱亥名，
行人尚识夷门道。白璧黄金万户侯，宝刀骏马填山丘。
年代凄凉不可问，往来唯有水东流。

——高适《古大梁行》

朱亥，魏国著名的隐士，和老隐士侯嬴是忘年交，一个是市井屠户，一个是政府低级公务员。两个人平日无聊，便在一块喝酒谈心，他们最常谈论的话题便是信陵君。信陵君号称有三千食客，以广纳贤士而闻名。他不止一次前来迎请侯嬴与朱亥，但是二人都没有前去。他们不是那种趋炎附势之人，他们有自己的生活与理想。

长平之战爆发后，国际局势发生了巨大的变化，赵国从一个一流国家降为三流国家，秦国独霸。秦国军队长驱直入，已经包围了

赵国的都城,各国政府都在观望。信陵君认清国际局势,又因与赵国国君有亲戚关系,所以带着自己的食客,前往赵国救援。

侯嬴献计,朱亥主动出山,与信陵君共患难。朱亥追随信陵君来到魏军大营,他一锤打死魏军大帅晋鄙,夺得了兵权。

朱亥将生死置之度外,杀死魏国大将,有生之年,他将不得返回魏国。也正因为这一锤,赵国得救。朱亥跟着信陵君在赵国住了下来。后来他代替信陵君出使秦国,秦国政府早就听说朱亥的威名,所以想方设法把朱亥留在秦国,为秦国所用。他们为朱亥开出了很高的价码,荣华富贵,保管朱亥享之不尽,高官侯爵,只要朱亥开口。

但是,朱亥怎么都不同意,“一女不侍二夫,忠臣不事二主。”信陵君对他有知遇之恩,他便不会再投靠秦国。秦国政府见他死活不答应,于是想吓唬吓唬他,将他关进一个大铁笼子里,里面再放一只大老虎。

大铁笼子的门刚关上,老虎就向朱亥猛扑过来。见此,朱亥大喝一声“畜生,你敢!”朱亥这一喝犹如天神下凡,老虎竟然吓得趴了下来,软绵绵的,不敢再动。

秦国政府的人一看就傻眼了,没想到朱亥连老虎都能吓得住。没办法,他们只能囚禁朱亥,希望可以慢慢软化他。但是朱亥是一个真性情的男子汉,他想在牢中撞柱而死,但是柱子被撞断,他都没死。他只能用手拧断自己的喉咙,以此了结自己的性命,以显示他对信陵君的忠心,显示他的忠义。

▶Part 1

屡请不动、泰然处之
——平淡生活、莫羡富贵

侯嬴给信陵君推荐了自己的好友朱亥，但朱亥和自己的态度一样，没有去做信陵君的食客。朱亥，一个平凡的市井小民，并没有想过建什么功，立什么业，他只想过自己的小民生活，一天天，一月月，一年年，无关江湖，无关政治。所以，即使信陵君三番五次来请，他也从来不出山。

长平之战、赵国危亡——四十万生灵、埋黄土

魏国都城大梁东门，一个年近七十的老头站在城门处，慵懒地晒着太阳。他，名叫侯嬴，是魏国守城门的一个小公务员。照理来

说，七十岁应该退休了，但由于各方面的原因，他还奋斗在岗位上。他想着，如果今年政府还不让他退休的话，他就主动申请退休，在家舒服地拿退休金生活。

但是他没有想到，他的命运在退休前改变了。他有一位好朋友，名叫朱亥，是一个屠夫，一个武功高强的屠夫。他还有一个粉丝，名叫魏无忌，被人称为信陵君，号称有食客三千。信陵君曾经无数次过来拜访他，无非也是让他成为其食客，但是侯嬴都没干。

他只想做一个简单的公务员，他本不想转入太多的政治是非里面去。信陵君的确惜才，称得上是一个好的领导人。但他毕竟不是国家最高领导人，他还必须服从命令。或许他迟早都会因为光芒太露，而付出血的代价。

侯嬴给信陵君推荐了自己的好友朱亥，但朱亥和自己的态度一样，没有去做信陵君的食客。朱亥，一个平凡的市井小民，并没有想过建什么功，立什么业，他只想过自己的小民生活，一天天，一月月，一年年，无关江湖，无关政治。所以，即使信陵君三番五次来请，他也从来不出山。

侯嬴依旧做他的守城门的公务员，而朱亥依然是那个卖猪肉的高才生。公元前262年发生了一件震惊世界的大事，赵国在长平大败，四十万人被秦军活埋。秦军大军进攻赵国首都邯郸，赵国危急。

这绝对是震惊世界的大事情，在长平之战前，赵国一直是与秦国争雄的大国，实力在战国七雄中，绝对是数一数二。但是，仅仅一战，赵国沦落为二流国家，与韩国一样，需要靠外援才能救国。

公元前264年，秦国大军进攻韩国，韩国原本就是战国七雄中

最弱的国家,经不住强大的秦国军队攻击。很快,韩王就宣布投降。本来国家最高领导人都投降了,属下的官员们没有抗战的必要。但韩国上党的郡守冯亭偏偏要和秦国死磕,他坚决不投降。

后来有人建议他去投奔赵国,赵国经济发达,人民安居乐业,文有蔺相如,武有廉颇,秦国不敢拿赵国怎样。

冯亭也觉得挺有道理,说不定把上党归属于赵国名义下后,能成为一个经济特区,马上将上党的 GDP 翻上几番,让上党人们也过过小康的日子。

于是,他归降赵国,将上党地区全都贡献出来。赵国不费吹灰之力得到了秦国梦寐以求的土地,赵国乐了,秦国却怒了。

上党是战略要地,中原交通要道,秦国攻打韩国最主要的就是希望能得到上党之地,从而东进和南下。但是,赵国不劳而获,劫了秦国的战果,这让秦昭襄王很是恼火。当即下令,派遣左庶长王龁急攻上党。赵国也针锋相对,派出老将廉颇驻军长平,准备和秦国死磕。

毕竟赵国和秦国的军事实力相当,且经济实力还要略胜一筹,没有必要惧怕秦国。

廉颇是一位久经沙场的老将,深通战术,他知道秦军长途奔袭,希望的就是速战速决,不然后勤绝对跟不上。他于是闭门不战,高挂免战牌。你看那时候的人多文明,打仗还可以战与不战,我挂了免战牌你就不能打我了,多好的社会!

秦国的确也没办法了,狡猾的廉颇躲在军营里,硬是不肯出兵。秦国士兵们只能整天在军营外面叫嚣,各种难听的话都有。

前线的情况很快就传到了秦国大本营,秦昭襄王也意识到,王

龁在前线一直这么搞下去不是办法，等士兵锐气减了，粮草缺了，赵军可能突然袭击，那么王龁就有可能全军覆没。

怎么办？怎么办？秦昭襄王做梦都在想这个问题。

很快，他就想到了一计——反间计。他要离间廉颇与赵王的关系，通过赵王之手将廉颇从前线撤走。只要廉颇一走，秦军在前线就无对手。

于是，秦昭襄王不惜血本，花重金收买赵王身边的红人，然后借他之嘴向赵王灌输一种思想，那就是廉颇不行了。

赵王也是一个糊里糊涂的人，当他听说廉颇一直不战，就是因为惧怕秦军，他有可能率军投降。无风不起浪，赵王一直都相信这一点。赵军勇猛，而且是在自己的大本营作战，怎么个就没胆气了呢？难道你廉颇真的要投降？不管是真是假，为了增强安全系数，还是换下廉颇为好。

换下廉颇之后，谁去前线接替他呢？这是一个困扰赵王的问题。

属下有人说，他散尽家财，从秦国军中打探到一点消息，说秦军最怕的就是赵括，他们一直都在找机会刺杀赵括，因为他是一个军事天才。

赵王一听就心花怒放了，原来赵国还有军事天才，他知道赵括是赵奢的儿子，平常也听说过他懂一些军事方面的东西，还出了几本军事专著，颇为畅销。赵王刚开始并没太在意，他还以为赵括只不过是一个军事研究者，或者评论员，就嘴皮子工夫，瞎扯。想不到他是一位军事天才，真是埋没人才了，正好没人接替廉颇，就他好了。

赵王就这样毫无悬念的中计了，当领导人啊，在人事方面还是要反复斟酌，一定要调查好了再下决定，不然害死人啊！

“军事天才”被任命为前线总指挥，他刚到前线就改变了廉颇所有的部署，他要出击，他是一个读了很多书的愤青，很多东西都是书上的，根本就没有试验过，他也没有什么机会。这次带兵打仗是他的第一次实践，说不定他多实践几次，他也能成为一个大的军事家。但是，他没这么多机会，第一次上战场就是带领四十几万人，搞得赵国差点就亡国。

经验真的很重要，廉颇说！

经验其实没那么重要，只要有才能就行，赵括说。

而此时的秦国已经暗中换帅，王龁成了副司令，总司令由名将白起担任。关键是，这次换帅是秘密进行的，赵国一点消息都没有。然后，秦国开始在境内征兵，只要十五岁以上的男性，全都参军，当然，残疾人是除外的。

秦国这次算是豁出去了，倾全国之力，硬是要扳倒赵国。因为赵国是最具威胁的竞争对手，不首先铲除赵国，秦国的一统天下的梦很难做成。

一下子，秦国的军队就扩充到百万人以上，而这些，赵国也都还蒙在鼓里。

秦昭襄王这次玩大了，他这是在赌博，他把全国的兵力都投入到对抗赵国上，万一楚国这时候从南面进军，他就彻底完蛋了。即使楚国不出兵，像他这么一个搞法，秦国留下来的都是妇女加老弱病残，还怎么搞经济建设。这仗要是打个三五年，秦国就完全被拖垮了，他真的玩大了！

秦国玩大了,赵国也正想玩一把大的,屯兵四十五万在长平,赵括在军营里指挥若定,幻想着怎么一举击溃前来进犯的秦军。

秦国在长平之战中,玩了个欲擒故纵。两军交锋,王龁抵挡了一阵,假装扛不住,率军跑了。赵括一看,有机会,追!

最后中了白起的埋伏,差不多一百万秦军将四十万赵国围困起来。(当然,真实的战争肯定相当惨烈,远不是几句话能说得清楚的。)四十万人能被围住?天啊,赵括做梦都没想到,欲哭无泪。

他是一个初出江湖,有学问的愤青,他不主张投降。因此,在四面楚歌声中,他多次率众突围,皆枉然。赵军的士气跌落到了低谷,完全丧失了斗志。年轻的赵括不知道怎样才能激励斗志,最后在突围中被秦军射杀。主帅已死,将士们更加没了斗志。四十万人集体投降了秦国,这是投降的吉尼斯纪录。

一下子有四十万人投降,秦国前线的将领们也不知道如何是好。遣散回家吧,万一这四十万人回家后,再次集结进攻秦国就完蛋了。不遣散,那怎么办?

最后从秦国大本营传来最高指令——杀!

杀四十万人?秦国前线的将领们吓得面色煞白。

军人的天职就是服从,古往今来都是如此。赵国四十万放下武器的士兵就这样被秦军活活地坑杀。

惨绝人寰的屠杀之后,秦国继续进攻赵国都城邯郸,因为赵国的主力军已经被消灭,现在正是吞并赵国的最好时机。

前线的消息传到赵国,举国惊恐,惊恐之后是悲伤,悲伤之后跟着愤怒。举国上下为前线的四十万亡灵戴孝,赵王亲自指挥都城保卫战。邯郸的男女老少全都主动请缨,邯郸成了铜墙铁壁。

虽然如此，赵王心里清楚，单凭老弱妇孺坚守邯郸肯定是不行的，还需要国际援助，因此他派外交使臣，游说其他四国——齐、燕、楚、魏。

赵国军民守着邯郸等待救援，而最有可能救援赵国的只有魏国。为什么这么说呢？因为赵国的平原君的老婆是魏国国君的姐姐，也是信陵君的姐姐。魏国不救，谁去救？

▶Part 2

主动出山、不为富贵
——为报知遇恩、共患难

虽然救了赵国，但是众人都回不去了，盗虎符是杀头的大罪。因此，信陵君和属下的食客都留在了赵国，反正他是赵国的救国恩人，留在赵国也不亏。自此，朱亥便与杀猪行业绝缘了，一辈子都没再踏上祖国的土地。

他成了赵国政府出资养着的魏国公务员，为了报答信陵君的知遇之恩，他后来代替信陵君出使秦国，最后死在秦国。

1. 侯生报恩、朱亥无私——以命相赠、患难与共

魏王接到赵国的求救信之后，也的确做出了一个大舅子的样

子，当即派将军晋鄙领军十万，前去救援赵国。

秦昭襄王听说魏国派出了援军，当即就向魏国提出了外交抗议，强烈地谴责魏国的行为，表示秦赵之间的战争是双方的事，与第三方无关。如果有第三方干涉，秦国也会倾全国之力，誓死攻打第三方。

秦国的外交发言吓倒了魏王，他开始纠结了，到底该不该救赵国。救吧，秦国有可能再派百万人攻打魏国；不救，唇亡齿寒，况且自己是赵国的亲戚，魏赵也是军事战略合作伙伴。

最终，他下令让晋鄙的军队就地驻扎，以观动静。

此举让秦昭襄王很是欣慰，但是却让赵王和平原君赵胜心急如焚，不停地给信陵君魏无忌写信，希望他能够在魏国想想办法，让魏王出兵。

信陵君在国内也没歇着，每天让属下的人帮忙赶稿子，上奏魏王，说出千万种理由要魏王出兵。魏王虽然知道他说的有道理，但就是不执行。信陵君只是一个二把手，虽然名声在外，但是也无济于事。

无可奈何之下，他只能通告全国，既然魏王不肯出兵，他会带着他的三千食客和家丁，去前线与秦军战斗，准备玉石俱焚，与魏国人民永无再见之日，特此作别。

信陵君是来真的了，他真打算靠自己的几千人去救援赵国。临行之前，他去见了那个守城门的老公务员侯嬴。

侯嬴早就听说了信陵君的打算，因此当信陵君说他即将动身前往赵国的时候，他一点吃惊的表情都没有。他只是对信陵君说了几句鼓励的话：年轻人，去干吧，好好干！

已经踏上征程的信陵君最后还是返回来了，他心里不甘，怎么说他对侯嬴还是不错的。虽然这老头只是一个最低级的公务员，但他无数次地屈尊恭请他，这老家伙怎么就不知道感恩呢？

当他回来的时候，侯嬴正一脸诡异地看着他，说："我就知道你会回来的。"

侯嬴这么一说，信陵君就宽心多了，这就证明侯嬴已经想到了办法。

"不知阁下有何高见？"信陵君故意问。

"公子就这么莽撞地带人去前线，后果您一定也知道。大丈夫岂能逞匹夫之勇，如今侯生有一计，不知当讲不当讲。"

"当说无妨！"

"大王的宠姬如姬之父曾遭人暗杀，大王悬赏三年，亦未能找到凶手。最后还是您出马，找到了凶手，并将其杀掉，替如姬报了杀父之仇。她曾经许诺，只要她能为你做到的事，一定尽全力做。既然如此，公子何不请如姬盗取大王的虎符，然后去前线调兵，救援赵国呢？"

信陵君一听也觉得甚是有理，忙点头称好！

"好，那我赶紧去办！"信陵君说着就要走。

"但是，如果公子拿到虎符，而晋鄙又不交出兵权又当如何？"

侯嬴这一问倒是又把信陵君难住了，的确有这种可能，毕竟举国上下都知道他魏无忌是强烈地抗战派，晋鄙不会轻易地相信他，从而交出兵权。

"那又当如何呢？"

"我曾经给你推荐过一位勇士叫朱亥，只要你带上朱亥，保万

事大吉。”

信陵君再次点头。

他照侯嬴说的去做,如姬果真帮他盗出了虎符。同时,他也亲自过去请屠夫朱亥出山。

公子请朱亥。朱亥笑曰:“臣乃市井鼓刀屠者,而公子亲数存之,所以不报谢者,以为小礼无所用。今公子有急,此乃臣救命之秋也。”遂与公子俱。

朱亥虽然是一个杀猪的,但是他并不是从小就希望当屠夫,相信没有任何一个小孩的梦想是当一个屠夫。他也想做一番事业,任何一个有上进心的男人都这么想。他只是觉得世道太乱,不想陷入纷乱的政局中。现如今听说信陵君遇到了麻烦,急需帮手,他立马答应出山。

朱亥属于那种不跟你共富贵,但却和你共患难的那种人。这才是一个真正的刺客应该有的精神,他完全地大公无私,同时心里也是健康的,绝没有什么变态的计划。这才是一个纯爷们该有的心态。

虎符盗出了,朱亥请来了,信陵君再次向侯嬴告别。侯嬴表示,他老了,不能随信陵君出征,但是他的心永远跟大部队在一起。差不多等信陵君到赵国的时候,他就自刎而死,也算是报答信陵君的知遇之恩。

侯嬴也算是走了一个极端,眼看着就能在家轻松地拿退休工资了,以后闲着无聊出去逛逛或者陪老太太们聊聊天。但是,他没有这么选择,他选择士为知己者死(虽然没人要他死)。

2. 生死攸关、惊天一锤——背井离乡、兼济天下

来到魏军大营，向晋鄙出示了虎符之后，他果然没有马上交出兵权。他亲自写信，让信使去大梁询问魏王。营帐里面布满了士兵，信陵君和他的侍卫们陷入包围之中。就在这千钧一发之际，朱亥出马了。他拿出他杀猪的力气，手举大锤，以迅雷不及掩耳之势攻向晋鄙。

晋鄙没有丝毫的防备，营帐里到处都是他的护卫，他没想到有人会不要命在这个时候攻击他。他还没搞明白整件事，就被朱亥一锤给擂死了，朱亥也算是一锤定音。

有那么一刻，信陵君胆寒了，看着脑袋被打得粉碎的晋鄙，他想："没文化，真可怕！"

"公子，行不！"朱亥收起鲜血淋漓的大锤，转过身问信陵君。

信陵君咽了口唾沫："行，行！"

有一个没文化的提着大锤的大力士在信陵君身边，所有的士兵都胆寒了，没人敢动。

信陵君有虎符在手，顺理成章地调动了十万魏军。他马上发兵救援赵国，与赵军里应外合，一举击溃秦军，赵国人民惊险地保住了国家。

应该说，朱亥这一锤救了整个赵国，要不是这一锤，说不定赵国早在公元前257年就亡国了。

虽然救了赵国，但是众人都回不去了，盗虎符是杀头的大罪。

因此，信陵君和属下的食客都留在了赵国，反正他是赵国的救国恩人，留在赵国也不亏。自此，朱亥便与杀猪行业绝缘了，一辈子都没再踏上祖国的土地。

他成了赵国政府出资养着的魏国公务员，为了报答信陵君的知遇之恩，他后来代替信陵君出使秦国，最后死在秦国。

柒：荆轲
——壮士一去兮不复返

几经坎坷，荆轲最终经田光举荐，成为燕太子丹的门客。燕太子丹待荆轲如国士，在秦军兵临易水之滨时，太子丹急忙派遣荆轲与秦武阳前去秦国，谋刺秦王嬴政。

荆轲以情说服秦将樊於期，樊於期为报太子丹知遇之恩，自刎而死。随即，荆轲带着樊於期的首级和燕国督亢地图，前往秦国。

▶前　言

战国末期，秦国的铁骑横扫天下，战国七雄中，最弱的要属韩国和燕国。当六国感觉到秦国威胁时，为时已晚，合纵已经没有多大成效。又加上各国都抱有侥幸心理，尤其是燕国，在周边的韩国和赵国被秦国横扫之时，燕国还趁人之危，袭击赵国。赵国在与秦国的长平之战中，失去了争霸的机会，不能与秦国平起平坐，但是衰败的赵国对付燕国却绰绰有余。

燕太子丹本来和嬴政的父亲一起在赵国为质子，战国时期，质子现象很普遍，各国政府为了显示交好，往往较弱的一方会派皇子等去强国为质。长平之战以前，赵国盛极一时，比较著名的文武臣便有蔺相如和廉颇。故秦国和燕国都先后派质子往赵国。

燕太子丹与嬴政的父亲便是在赵国相识、相知，最后建立深厚的交情。长平之战后，秦国扬眉吐气，赵国自此衰落，燕太子丹不用待在赵国为质，改去秦国。其与嬴政亦有交情，但毕竟燕太子丹只是一个质子，在那个好武和崇拜英雄的年代，燕太子丹在秦国的日子并不好过。后来，他找机会溜回了燕国。

公元前 230 年，嬴政率领秦国的铁骑横扫大江南北，那一年便征服了韩国，进而进军赵国。公元 228 年，秦国的铁骑兵临易水之

滨，随时都有可能深入燕国境内。对此，燕国高层束手无策，只有燕太子丹提出了一个刺杀嬴政的计谋。

在无可奈何之下，燕王喜将阻挡秦军的任务交给了燕太子丹，于是，太子丹挑选刺秦的刺客，久负盛名的荆轲成了首选。

荆轲，战国时期卫国人，出生年不详，生世亦不详。春秋战国时期，文武不分途，故荆轲也受这一风气感染，学文亦学武。成年后，荆轲游历诸国，寻找知己，施展抱负。

几经坎坷，荆轲最终经田光举荐，成为燕太子丹的门客。燕太子丹待荆轲如国士，在秦军兵临易水之滨时，太子丹急忙派遣荆轲与秦武阳前去秦国，谋刺秦王嬴政。

荆轲以情说服秦将樊於期，樊於期为报太子丹知遇之恩，自刎而死。随即，荆轲带着樊於期的首级和燕国督亢地图，前往秦国。

临行前，易水之滨，他唱响了千古绝唱，“风萧萧兮易水寒，壮士一去兮不复返。”无限悲凉、无限悲壮，不言而喻。

“图穷匕首见”，只可惜荆轲一击未中，死于秦宫大殿之上。

▶Part 1

风萧萧兮易水寒
——慷慨应命、报国报君

很快荆轲就转运了，因为一个杀手行业的前辈看中了他，这个人就是田光。

荆轲此时也不过是一个四处找工作的苦闷青年，有人看中他，给他钱用，他当然是很乐意的。况且田光先生也没让他做什么杀人放火之类的伤天害理的事情，他做的也就是经常陪田光先生下馆子吃饭，并没有做什么实际工作。

1. 怀才不遇、四处奔波——穷困潦倒、何为生计

夕阳坠落，血一样的晚霞烙印在天边，肃杀的秋风一阵一阵在

易水之上徘徊，冷风缭乱涟漪。

远处，落叶萧萧，枯黄的落叶在秋风中无力地飞舞，一片一片、一堆一堆。偶尔能听到几声大雁哽咽的叫，一队队向南飞去。

近处，白色笼罩了所有的视线，放眼看去，有几百人穿着白色的衣服，戴着白色的帽子，难道说有人死了？这是在出殡？

领头的一人明显是众人中的尊者，邋遢的胡须配上迷离的眼神，诉说着死一样的诀别。他的前面站着一大一小两个人，大的器宇轩昂，目光炯炯有神，举手投足都有一种侠者风范。小的，一脸肃然，一副老成之态。

他们是荆轲和秦武阳，两个刺客，两个即将去执行任务的刺客。送行的那个尊者是燕太子丹，后面是文武百官，当然还有荆轲的好友狗屠夫和高渐离。

他转身看着一群为他送别的人，感慨良多，此刻总有千言万语也是说不出口的，况且他不是一个喜欢说话的人。

"荆卿，此一路去，请你多珍重！"燕太子丹看着荆轲说。

"定当不辱使命！"荆轲说得斩钉截铁。

荆轲看着眼眶有些湿润的高渐离和高屠夫，又回想起了自己的这一生。

荆轲曾经叫庆卿，因为他是齐国庆氏的后代，后来祖辈们搬到了卫国，他也就成了卫卿、荆卿。

荆轲从小就比较聪明，爱看书，兴趣比较广泛，在春秋战国时期，人们都尚武，加上荆轲出生在燕赵之地，自古燕赵多侠士、奇士，他也就练成了一身好武艺。

不过他不是一个喜欢惹是生非的小孩，一般的英雄人物从小

都是很有抱负的，荆轲也不例外，因为没有厚实的家庭背景，他小时候就明白一切都要靠自己的努力，他志存高远，只希望有一日能出人头地。

他拼命地学习，虽然没有留下什么头悬梁、锥刺股之类的美誉，但是他饱读诗书，他一直把自己当做一块砖，哪里需要就往哪里搬。

人长大后都是要找工作的，待荆轲成名之后，他就需要找工作，但是，在他家里没有条件给他找一个理想工作的情况下，他只能独自一人选择流浪的生活。

名义上是流浪，实际上是去各国找工作，在荆轲所处的战国晚期，偷渡查得没有那么严，国际法也没有确立起来。战国七雄加上很多小国家的人都能够在不同的国家出入和找工作，并不需要办什么签证。

荆轲之前的很多同志们都在很多国家工作过，各个国家的领导人也都很开明，并不因为所用的人不是本国的国籍就遣返回去不用。

初生牛犊不怕虎的荆轲在找工作的时候历经了种种坎坷，各个用人单位都对他的简历表示不满意，因为他个人并未做出什么出色的成绩，干什么工作都没经验，而且他也没有很厉害的老爸或者师父，所以，他到处碰壁。

荆轲也是，他把简历太不当回事了，他简历写得太简单，上面只说了他想要找的工作和期望的工资，和他个人的学习经验。这种简历，用人单位怎么会看得上呢？最简单，你也要把简历上写上杀手两个字啊！这样才能吸引用人单位的眼球啊！在战国晚期，

杀手这种行业是相当兴盛的，很多老百姓们为了生活也都相继投入到了这个行业之中，不管个人是否有高深的武艺。

但是，荆轲从一开始并没有想过去做一个刺客，他只想着去用笔杆子和嘴巴挣钱，不搞那些打打杀杀血腥的事。

没有找到工作，他并不失望，他相信，是金子总会发光的，男子汉大丈夫，能屈能伸，只有甘于平庸，才会有万丈光芒的一天。

荆轲选择了流浪，也正是流浪，使他成为了一位名副其实的杀手。

在流浪的途中，他和天下第一名剑盖聂在一起比画过剑，文的武的都来过。但是盖聂似乎很看不起荆轲，他认为荆轲不过是一个死乡巴佬，懂的知识也太少，很多东西他都不能自圆其说。

所以，两个人谈论剑法到后来，盖聂就对荆轲怒目相向了。相互切磋而已，没有必要弄得怒目相向，于是荆轲选择屈己而走。

不受盖聂大侠的待见，荆轲就离开了盖聂的地盘。他去赵国继续找工作，他给政府投了很多简历，政府都没给他回。那时候还没有什么考试制度，当官的都是靠祖辈们的光环，或者是经过官员的推荐和自荐，有一定的真才实学，得到中央高层的认可。荆轲给几个国家的政府部门都投过简历，可是没有一个政府部门能够看得上他。

在赵国闲着无聊，他就和鲁勾践两个人下起了围棋，但是两个人都是找不到工作的失意人，却很在意棋盘上面的胜与负。可能是鲁勾践同志棋艺不如荆轲，他最后输了，鲁勾践不服，要悔棋，荆轲不干。鲁勾践在赵国的资历比较老，于是就想着欺负这个外来人，怒目圆睁，要是荆轲不允许他悔棋的话，他就弄死他。荆轲也

不想和鲁勾践打架，毕竟他是来赵国找工作的，男子汉大丈夫，退一步海阔天空，他也不想让别人知道他只是一个会打架的武夫。所以，他又跑了。

赵国找不到工作，荆轲又离开了赵国，来到了燕国，听说燕国能够找到好的工作，他怀着憧憬来到了燕国。男儿志在四方，在一个国家找不到工作，可以换一个地方。

荆轲虽然话少，但是他是一个相当真诚的人，不过像他这样跨国找工作是很浪费钱的，如果各国的房租再贵一点儿的话，荆轲早就要睡天桥了。那时候真正有本事的人刚开始找工作的时候都是相当落魄的，之前的张仪和苏秦也都是这样，找到工作之后就风光了。

来燕国之后他就结识了音乐家高渐离和狗屠夫（这人叫什么名字，不知道），同是天涯沦落人，三人一见如故。

高渐离同志说高雅一点儿是音乐家，说低俗一点儿就是戏子，（当然戏子描述得也不够真实，反正就是地位相当低下。）狗屠夫是什么行业的老兄，一看就知道了。三人经常在酒馆里面喝酒、聊天，谈谈社会，说说理想，有时候高渐离也会奏筑而和，荆轲也就在筑声中唱歌。

荆轲绝对是一个麦霸，只要高渐离搞点音乐出来，他就开始唱歌，有时候三个人唱着唱着就哭了。北漂的生活不好混，找不到工作，怀才不遇的郁闷，他只能在酒中发泄。

但他依然坚信，凭借自己的真才实学，一定能在燕国找一份好工作，只要自己足够努力，坚持不懈，人生的失意一定只是暂时的。

他做到了坚持不懈，不轻言放弃，甘愿忍受屈辱的落魄生活。

今日的隐忍，只为明天的辉煌。

2. 田光举荐、报国有门——御用刺客、随时献身

很快荆轲就转运了，因为一个杀手行业的前辈看中了他，这个人就是田光。

荆轲此时也不过是一个四处找工作的苦闷青年，有人看中他，给他钱用，他当然是很乐意的。况且田光先生也没让他做什么杀人放火之类的伤天害理的事情，他做的也就是经常陪田光先生下馆子吃饭，并没有做什么实际工作。

田光看中的是荆轲文武双管齐下，荆轲与一般的刺客不同，荆轲有脑子。

找到了工作的荆轲还是和高渐离、狗屠夫整天在酒楼喝酒，直到田光把他举荐给太子丹为止。

燕太子丹虽然身为太子，但是他是一个很苦闷的太子，他的日子也不好过。正因为他是太子，够分量，所以燕国为了讨好赵国，将太子丹作为质子，留在赵国。那时候秦始皇嬴政的老爸也是作为质子在赵国，两个人也都相识，和嬴政的关系也还有那么一点儿。

但是秦赵在长平打了一场大战，赵国大败，四十万人被干掉，赵国也就失去了第一强国的头衔，秦国取而代之。燕国在战国七雄中差不多能排到最后一位，所以，谁强他就要听谁的话，太子丹又被派去秦国做质子，处理好燕秦两国的外交关系。

但是嬴政掌握秦国的大权之后，并没有很好地对待这个与他同病相怜的燕国太子。太子丹怎么说也是一个国家的二把手，他觉得在秦国太委屈，后来就找了个机会偷跑回去，他要让嬴政对他刮目相看。那时候，在他的心中竟然萌生了一个邪恶的想法，他要搞恐怖袭击，他要成立一个刺客的基地组织，专门发动对世界头号强国——秦国的恐怖袭击。

嬴政上位之后，继续完成祖宗们未完成的心愿，他迈出了疯狂扫荡六国的步伐，他要成为全中国唯一的皇帝，实现天下大一统。

晋国、赵国等国都被秦国打得了毫无还手之力，其他的几个国家虽然明白唇亡齿寒的道理，但是都不敢联合起来，联合就会遭来更加猛烈的攻击。

秦国的军队已经打到了易水之滨，易水的北岸就是燕国的领土，面对触手可及的威胁，燕国甚至不能搞抗议，国际上也没有针对秦国暴行的指责之声。

燕国如果再找不出什么应对措施，那么燕国在不远的将来就会亡国。燕太子丹做了这么多年的太子，还不知道当皇帝是什么感觉，怎么可能让燕国就这么给灭亡了呢？于是他不顾自己是一个领导人的身份，他带头组建了一个恐怖组织。

在他的这个组织中，百分之九十的人都是刺客，太子丹可能是这么多年做质子做得性格偏激了，他想不出其他什么办法来挽救燕国，他只想到了刺杀嬴政这么一个办法。

他也找太傅鞠武谈过，他说："燕秦势不两立，将来必有一场大战，希望太傅帮忙想想办法才好。"

可是鞠武却说，秦国现在是国际上的老大哥，惹不得，不然战

火就要提前烧到燕国来了。

太子丹急得如热锅上的蚂蚁,说:“那可怎么办好呢?”

太傅说,让我回去再好好想想。

没多久,秦将樊於期因为在征讨赵国的战争中失败,害怕回国后受到嬴政的处罚,所以跑到了燕国,希望能够得到政治庇护。燕太子丹现在正在招揽天下有能之士,樊於期是一个有名的战将,燕国现在缺少的就是这种人才,太子丹也没想太多,就接纳了樊於期。

鞠武听说太子丹走了这么一着险棋,当即就过来劝太子丹最好别玩火自焚,别首先把秦国给惹毛了。应该趁秦国还没发现樊於期来到燕国,将樊於期遣返回去,或者说给他一些盘缠,让他去别的地方谋生去。

可是太子丹并没有接纳他的这个建议,有了樊於期,燕国就如虎添翼,况且他之前打出的招牌是只要是有才能的人他都接纳,要是把樊於期赶走,势必会影响其他人的看法。

鞠武见太子丹不鸟他的提议,再次说,燕国不能首先表明与秦国的敌对关系,燕国目前的任务就是接纳三晋内部力量,然后东接齐国,南接楚国,北接匈奴,到时候共同对抗秦国。

太子丹说,这是一个长远的项目,想要把这个项目做成功,没有十年八载根本就不管用,况且现在也没做这个项目的人才。况且燕国现在已经没有那么多时间等了,这个办法行不通,还是说点实际的吧!

鞠武见太子丹还是不鸟他,于是就把任务推了出去,你大爷的,爱怎样就怎样去,老子不管了。他于是举荐了田光,那个看重

荆轲的刺客界的老前辈。

秦国虽然对于燕国的此举提出了严重的抗议，并且一再表示让燕国交出樊於期，不过太子丹始终都能抵挡住压力，重用樊於期。

秦国见外交抗议没有什么成效，加上秦国正在猛烈地攻打赵国，没有多余的兵力去攻打燕国，把樊於期的家人全都杀了也就算了事。

太子丹秘密地宣召了田光，首先就把燕国目前的严峻形势讲给了田光听，让田光帮忙想办法。

太子丹对田光极为客气，客气得都不像是一个领导了，田光也不好拒绝。他说，我老了，这就和骏马一样，骏马在年轻的时候，一日行千里都没什么问题，可是一旦衰老之后，就连最普通的马它都赛不过了。我现在就是这匹老马，已经没什么能耐了，不过我能给您举荐一个人。

太子丹连忙问是谁？

田光回答说是荆轲！

荆轲就这样正式地走向了那条不归路！

毕竟太子丹策划的是轰动国际的暗杀行动，所以他还是怕田光泄露出去，为了表示自己的关注，临走前，他对田光说，今天给你说的事都是国家的机密大事，你不要泄露出去了才好！

田光一听差点儿就操蛋了，他在这行混了几十年，信誉一直都是第一位的，没有想到临老，竟然还会被别人怀疑。他是一个直肠子，想不到别的什么办法来挽救自己的信誉，除了一招——死。

他找到荆轲，说明了太子丹的意思，荆轲也很乐意受到政府的

重用,即使这是一件很危险的任务。最后荆轲临走之时,田光说,他为了证明自己真的是一个守信誉的人,愿意付出生命,最后竟然自刎而死。

荆轲见到太子丹后,把这件事说了,太子丹也就胡乱流了几滴眼泪,这件事就算完了。

田光死了,荆轲代替了他的位置,他成了太子丹的食客,那么太子丹对他便有知遇之恩,为报恩情,他随时准备着为太子丹献身。

▶Part 2

壮士一去不复返
——穷途匕首见、憾未中

太子丹把秦武阳招进了基地组织，让他随荆轲一起去秦国刺杀嬴政。杀人犯毕竟不是刺客，刺客是要经过专业的训练，要有较好的心理素质和较强的应变能力。但是，这些前提条件，秦武阳都不具备。他只是一个混迹在地方（像是菜市场这种地方）的流氓无产阶级，因为没有什么顾忌，所以走上了杀人的道路。因为年轻，所以名气就这么宣扬出去了。

1. 国仇家恨、知遇之恩——以情相劝、慷慨悲歌

太子丹好不容易请来了荆轲，巴不得把荆轲当做祖先的牌位

供着，他向荆轲征求大计，并将自己的计策和盘托出。

荆轲坐定，太子避席顿首曰："田先生不知丹不肖，使得至前，愿有所道，此天所以哀燕不弃其孤也。今秦有贪饕之心，而欲不可足也，非尽天下之地，臣海内之王者，其意不餍。今秦已虏韩王，尽纳其地，又举兵南伐楚，北临赵。王翦将数十万之众临漳、邺，而李信出太原、云中。赵不能支秦，必入臣。入臣，则祸至燕。燕小弱，数困于兵，今计举国不足以当秦。诸侯服秦，莫敢合从。丹之私计，愚以为诚得天下之勇士，使于秦，窥以重利，秦王贪其贽，必得所愿矣。诚得劫秦王，使悉反诸侯之侵地，若曹沫之与齐桓公，则大善矣；则不可，因而刺杀之。彼大将擅兵于外，而内有大乱，则君臣相疑。以其间诸侯，诸侯得合从，其偿破秦必矣。此丹之上愿，而不知所以委命，惟荆卿留意焉。"

简单来说，他就是要找一个杀手去逼嬴政同志，要是逼不成就杀掉。

大家都是聪明人，荆轲自然知道自己就是太子丹挑选的那名刺客，当时就摆出了自己的难处。说想要接近秦王的身，首先就要带点礼物过去。秦王是见过大世面的人物，所以一般的小礼物他是看不上眼的，我觉得应该用燕国最肥沃的土地督亢和秦国将军樊於期的脑袋作为见面礼送给秦王，这样才有机会接近他，才能制服他。

这是要了命的两个礼物，太子丹派荆轲去刺杀嬴政就是想保住燕国的领土，加上他也不想现在就做掉樊於期，当时就打出了不想对樊於期背信弃义的牌子。

荆轲被太子丹以最高礼仪供在燕国，每天都过去给荆轲上政

治课，他怕荆轲反悔。

史料记载："于是尊荆轲为上卿，舍上舍，太子日日造问，供太牢异物，间进车骑美女，恣荆轲所欲，以顺适其意。"

荆轲也心安理得地在燕国待下去，太子丹为了稳住荆轲，每天都给他进献不同的美女和豪华的轿车，让荆轲同志过得舒服。

随着秦国大将王翦对赵国的攻势越来越急，太子丹整个陷入了精神极度紧张的状况，他无数次地催促荆轲赶快发动对嬴政的恐怖袭击。

吃人嘴软，拿人手短，荆轲在燕国享受的是五星级的服务，真到了用他的时候，他也得出力。他再次明确地告诉太子丹，想要刺杀成功，就必须要樊於期的脑袋不可。

燕太子丹还是表现得模棱两可，没有给荆轲明确的答复，荆轲于是自己去见樊於期。樊於期对这个当红的刺客来到自己的家表示很惊奇，荆轲是一个有话直说的人，他不懂得拐弯抹角，当即对樊於期说："秦王现在用高官侯爵和金银财宝来拿你的脑袋，而且他把你的家人全都灭门了，你是怎么看待这件事的？"

樊於期当时就很悲伤的表示："我每次想到这些，就恨入骨髓，考虑再三，只是不知道如何才能报仇罢了。"

荆轲一听，顺着樊於期的话说："我现在有一个建议，不但可以为您报仇，还能解除燕国的祸患，您看怎么样？"

樊於期说，你有什么好的计谋不妨直说，我这条贱命是太子丹的。

荆轲说，如今太子丹派我去秦国刺杀秦王，但是没有一个很好的借口能够接近秦王，如果樊将军你献出脑袋的话，我就能有机会

接近秦王,到时候我就能够刺杀秦王。到时,您的大仇可报,燕国遭受的耻辱也可以洗刷了。不知您意下如何?

樊於期一听,二话没说,把剑往脖子这边一架,就准备着抹脖子了。他最后对荆轲说,我这一辈子就对这件事比较遗憾,每当深夜想起我的家人全都被嬴政杀掉之后,我都恨得咬牙切齿,如今壮士你给我指引了一条明路,我当然会毫无顾忌地走下去。

说完这句话,樊於期就拿剑抹脖子了。

荆轲拿着刚刚割下来的脑袋去见太子丹,太子丹见老樊自己抹脖子了,责任也不在自己,但是为了表示他对老樊的重视,他抱着樊於期的尸体,痛哭流涕。

哭完之后,太子丹就命人拿匣子把老樊的脑袋装了起来,加上一幅燕国的地图,这些都是荆轲用来接近嬴政的铺路石。

与此同时,太子丹还用重金在赵国的徐夫人那里买了一把绝世好匕首,一百两黄金,可见徐夫人的匕首在当时是一个了不起的品牌。买回匕首之后,为了确定能够杀死嬴政,太子丹还在匕首之上投了毒,这毒只要见血就能封喉,太子丹没准备让嬴政再继续活下去。

刺杀总得要找一个帮手,有个照应也是成功的一个关键。正好在燕国有一个杀人犯叫秦武阳,这小子年仅十三岁的时候就开始杀人,而且一副凶恶的样子,谁见了他都怕。他也表示,老子天不怕地不怕。

太子丹把秦武阳招进了基地组织,让他随荆轲一起去秦国刺杀嬴政。杀人犯毕竟不是刺客,刺客是要经过专业的训练,要有较好的心理素质和较强的应变能力。但是,这些前提条件,秦武阳都

不具备。他只是一个混迹在地方(像是菜市场这种地方)的流氓无产阶级,因为没有什么顾忌,所以走上了杀人的道路。因为年轻,所以名气就这么宣扬出去了。

当荆轲看到这么一个小子的时候,他仿佛就看穿了秦武阳的心思,秦武阳不过是一个没见过世面的无产者,根本就成不了什么大事。他去找了一个和自己稍微有点熟悉的杀手代替秦武阳前去,但是因为路程太远,那时候又没什么高级的交通工具,过了几天那位刺客都没能前来。

太子丹急了,因为秦国的军队在赵国横行无忌,已经濒临易水南岸,眼看着就要进入燕国的国界了。他不断地催促荆轲,并且开始对荆轲十分不满起来,说没想到荆轲是这么一个怕死的小人,平时好吃好喝好玩的都给了你,想不到现在要你真出发去执行任务了,你一直逗留不进,你再不出发,索性我就单独派秦武阳去了。

在基地组织的这么多刺客当中,太子丹似乎对荆轲和秦武阳两个情有独钟,估计秦武阳也真的是一个武林高手,最多就比荆轲弱一点儿。

荆轲见太子丹对自己有了看法,想着自己的第一个主顾田光老先生就是因为这项刺杀的任务而自杀而死,心里无比的悲伤与激动,大丈夫灵机而动,不可贸然行事,但是势态的发展容不得他等待时机。于是他说:“去就去,我这次去秦国刺杀,要是任务失败的话,都会是因为秦武阳这小子。我一直不肯动身,只是因为我在等我的一个朋友,既然您对我有意见,认为我行动迟缓,那么就诀别吧!”

荆轲和秦武阳一行敲定了离开的日期，高渐离和狗屠夫两个死活劝荆轲不要去，认为去了就是一个死。六国不知派了多少刺客去刺杀嬴政，但是没有一个人成功。

荆轲只是说，他身为刺客就要做一个刺客该做的事。如今秦国独大，六国都抵挡不住秦国的进攻，六国的老百姓死伤无数，连连的战乱，民不聊生，如果杀掉嬴政的话，那么战争或许会迟缓，老百姓的日子或许会好过一点儿。

荆轲从一个四处漂泊、找工作处处碰壁的失意青年，蜕变成一个一心装着天下的刺客。在那一刻，他完全将生死置之度外，完全摒除了小人物的私利思想，那一刻开始，他超凡脱俗了，因为，他是一个刺客，他是一个纯爷们。

这已经超出了一个刺客的所想，高渐离和狗屠夫二人也没有再说什么，三个人在酒楼里面再次大醉一场，或许是最后一次。

那一日，太子丹带着群臣前来为荆轲和秦武阳送别，所有的人都穿着白色的服装和帽子，这是出殡的装扮，因为这一去，荆轲和秦武阳二人是抱着必死的信念。这也是太子丹能够给予荆轲和秦武阳最高的规格，这是一场浓重的葬礼。

荆轲和秦武阳站在易水之滨，肃杀的秋风卷起他们的衣服，放肆地飘荡。天空，残阳似血，孤雁高飞。近处，落木萧萧，叶落哽咽。

他凝重的双眼注视着远方，远方到底有什么，没有人知道。

燕太子丹带着群臣含泪看着荆轲，那个即将诀别而去的大侠，“哥们，一路走好！”太子丹拍着荆轲的肩膀说，他将所有的希望都寄托在荆轲的恐怖袭击上，只要嬴政一死，秦国就会陷

入纷乱，到时候他就有机会联合其他五个国家，一起发动对秦国的进攻。

群臣一起在悲伤中唱起了《祝你一路顺风》，高渐离也击筑相送，筑声苍凉悲伤，低沉无比，似乎在诉说一段千年的悲伤。筑声在肃杀的秋风中一阵一阵，一段一段，似乎割在了众人的心坎之肉，血滴纷飞，在筑声中，众人仿佛看到了一幅悲惨的画面，众人皆泪流满面，哽咽不止。

此时，荆轲唱歌的欲望又来了，他手握着他佩带的宝剑，放声高歌，“风萧萧兮易水寒，壮士一去兮不复返！”高渐离陡然变音，整个筑声变得慷慨激昂，这才是为荆轲践行，所有的人似乎都变得怒发冲冠，个个都有去刺杀嬴政的想法了。

据司马迁记载：“太子及宾客知其事者，皆白衣冠以送之。至易水上，既祖，取道。高渐离击筑，荆轲和而歌，为变征之声，士皆垂泪涕泣。又前而为歌曰：‘风萧萧兮易水寒，壮士一去兮不复还。’复为羽声忼慨，士皆瞋目，发尽上指冠。于是荆轲遂就车而去，终已不顾。”

荆轲最后看了所有的人一眼，秦武阳跟在旁边就像是一个不懂事的小孩，“走了！同志们，多保重！”荆轲说。

荆轲和秦武阳坐上了太子丹为他们准备的豪华马车，头也不回地走了，高渐离双手紧紧地抱着筑，看着荆轲离去的方向，若有所思。

荆轲这一次的远行，不再是一个没有找到工作的浪子，这一次他肩负着重大的使命，和他长久以来的梦想。

2. 入咸阳宫、武阳颤抖——谈笑应对、轻松过关

一路的奔波劳累后，终于来到了整个七国都在关注的中心城市——咸阳，可是嬴政并不愿意接纳这个没有名气的荆轲。荆轲和太子丹的如意算盘还没开始实施就已经失败，该怎么办？

在这个关键的时刻，荆轲想到了行贿这一条，荆轲并不只是一个会武功的莽汉，他才是一个聪明的侠者。行贿这种手段对付贪财的官员是最有效的，这个世界上只有两种官：贪多的官和贪少的官，所谓的天下乌鸦一般黑就是这个道理。

荆轲将目标瞄准了嬴政身边的宠臣——蒙嘉，蒙氏家族是秦国相当有名望和权势的一个家族，这是靠蒙氏家族历代先祖打下的基业，也是蒙氏子孙人才辈出的支撑。抗击匈奴的名将蒙恬和其弟蒙毅就都是蒙嘉的侄子，蒙氏家族权倾一时。

千两黄金就将蒙嘉买通了，本来这是一件很平常的事，如果后来不出现荆轲刺秦王这么一档子事，蒙嘉受贿一千两也就不会曝光出来，因为一个这么大的官，受贿个几千万把两是很正常的，哪个官员的账户上没个什么来历不明的黑钱呢？蒙嘉想。

受贿之后的蒙嘉就在嬴政的面前给燕国的两个“使臣”美言，说，这两个燕国的使臣带来了和平的橄榄枝，他们不仅把叛将樊於期的脑袋给带回来了，还把燕国的督亢之地的地图给献了过来，燕国这是臣服的一种表现，按照礼数，秦王应该接见这两位使臣。

嬴政一听，说得也有道理，燕王派人过来伸了橄榄枝，不管自

己接不接，见一下也还是可以的。于是，他穿朝服，用九宾之礼接见燕国的使者。

咸阳宫，世界政治权力的中心，在这里发出的每一条命令都会改变世界历史的进程，六国政府也在时刻关注着咸阳宫的动静。而这一刻，荆轲和秦武阳正走向这个权力中心。

这里没有了秦武阳发家成名的地方（菜市场）那么热闹，原来这里的人都不敢大喊大叫，虽然人数众多，但是一个个站得笔直，就像是树干一样。秦武阳看了看辽阔的广场，不禁咽了口唾沫。他胆怯了，咸阳宫散发出来的威严震破了这个未成年人的胆。

他捧着装有樊於期脑袋的盒子不停地颤抖，他本想问荆轲：大叔，我身体不舒服，能不能请个假。但是荆轲却始终没有转过头来看他，他魁梧而神秘的后背慢慢前行。

荆轲看着威严的咸阳宫，内心有一种抑制不住的激动，但是他很快便沉着、冷静下来，这是一个杀手应该具备的心理素质。

殿外的卫士将他们的全身都搜了个遍，甚至还打开了那个装有樊於期脑袋的盒子，最后什么都没有搜到。他们没有想到，正有一柄绝世好匕首藏在地图之中。荆轲和秦武阳顺利过关，但是秦武阳却在关键时候像是感冒了一样，全身颤抖得不行，面色也发白。

坦白来讲，秦武阳不过是一个低级的杀人犯，他也就能在菜市场这种地方撒撒野，因为在那个地方没有人能够打得过他，他是傲视群雄的霸主。但是在秦国咸阳宫这个地方却不同，他完完全全是一个被动者，身上也没有武器防身，但是他们还必须要完成刺杀任务，他的心理承受能力有限，在咸阳宫威严的压迫下，他的心理

防线完全崩溃。加上殿外的卫士总是怒目看向他，就仿佛他们已经知道了自己前来的目的，秦武阳经过这么一吓，完全失去了一个刺客的样子，他露馅了。

“使者这是怎么回事？怎么变了脸色？”卫士们一下子就看出了秦武阳的变化。

所有人的目光都集中过来了，秦武阳就像是一个受了惊吓的小孩，一脸的委屈，马上就要哭出来了。随机应变，保证事情按照原计划进行，这是一个刺客在危急情况下必须处理好的事情。

荆轲看了看秦武阳，面不改色地对嬴政说：“北方粗野之人，没见过什么世面，见到了秦王的威严，难免有点害怕，还请秦王原谅。”那一刻，面对天下人都惧怕的嬴政，荆轲没有一点儿畏惧，他内心无比强大，他一点儿都不逊于嬴政，他没有必要惧怕任何人。所以，坏事的秦武阳并没能将荆轲拖下水，他轻而易举便将这一危机化解了。

这句话说得嬴政心里很舒服，一个毛头小孩看见自己很怕，这也是很正常的事，毕竟，他是天下的霸主。不过这么一个胆小的人上殿是一种扫兴，于是他向荆轲说，你一个人把东西拿上来就行了。荆轲从秦武阳的手里拿过匣子，秦武阳一人留在殿外，被殿外的侍卫看管起来。

3. 穷途匕首、奋力一击——死生一命、何足挂惜

荆轲捧着匣子、带着地图一个人走过大殿的中央，慢慢地向嬴

政坐着的方向走去，所有的官员都把目光扫向他。嬴政坐在王位之上，威严地看着这一切。

荆轲上殿，跪在了嬴政的桌子前面，匣子打开，里面果然装着樊於期的人头。嬴政看了看那个血肉模糊的脑袋，点点头，让荆轲把匣子放在一边。荆轲又把地图摆在嬴政的面前，地图慢慢地铺展开来，燕国的形势图完全摆在了嬴政的面前。嬴政的瞳孔慢慢地膨胀开来，就像是见到了绝世美女一般，一副忘我的样子。

荆轲很会找机会，图穷而匕首见，地图翻完，预先藏在地图里面的徐夫人制造名牌匕首被荆轲一把抓在了手上，他的速度相当快，左手抓住嬴政的衣袖，右手中的匕首刺向了嬴政的胸口。

这是惊世的一击，所有的人都没有料到这种转变，包括嬴政本人。幸亏嬴政是一个练家子，他也是一个武林高手。因为嬴政小时候的遭遇也不怎么好，所有他小时候就学了很多本领，回秦国之后又要经常防止暗杀，所以他的武功也不低。荆轲的这一击虽然相当快，但还是被嬴政躲避开了。

嬴政挣扎着往后逃跑，这一拉，被荆轲拉着的袖子都撕裂了，嬴政从鬼门关走了一遭，但是危险并没有除掉，荆轲跃起来，距他也就咫尺。

嬴政赶忙去后柱上拔剑，但是剑太长，一下子竟然没有拔出来，但是他又没有时间去等着完全拔出来，因为荆轲的匕首已经接近了他的身体，他只能绕着柱子跑，借此来躲避荆轲的刺杀。他跑，荆轲就追，两个人在殿上玩起了老鹰捉小鸡的游戏。

群臣都看得傻眼了，卫士们也都傻了，按照秦国的法律，群臣上殿是不能携带武器的，卫士们在殿外不经宣召也是不能进殿的，

否则就要被处死。没有武器的臣子不敢上去冒险,没有宣召的卫士也不敢贸然进来,所有的人都在看着老鹰捉小鸡的游戏。

荆轲虽然是一个绝世的武林高手,但是绕着柱子,他也是没有办法的,加上嬴政的身手也算矫健,半天下来,竟然没有丝毫成果。

幸好秦国的御医夏无且平常就喜欢做脑筋急转弯,这时候他脑子转得特别快,他把手中的医药箱往荆轲那边扔去。眼观六路,耳听八方,这是一个高手的标准,有一个东西击了过来,荆轲挥手去挡。

就在这一瞬间,群臣向被吓得神经衰弱的秦王喊道:拔剑。嬴政这才意识到荆轲已经停下了,于是他迅速拔剑,挥剑砍向荆轲的左腿,荆轲没有任何防备,正好被砍中,整个身子不由自主地倒了下来。

就在倒地的瞬间,他把右手中的匕首往嬴政的脑袋扔去,这一切发生在电光火石之间,照理来说,荆轲这最后的一击没有不成功的道理,因为他已经使出了十分的力道。但是,嬴政还是避过了他的这一击,匕首击中柱子,深入到柱子中一寸有余。

嬴政抓紧时机,上前又砍了荆轲八剑,奄奄一息的荆轲还在逞强,他是一个刺客,他不能服输,尤其是在刺杀的对象面前。他躺在血泊中说:“今天之所以没有把你杀死,是因为我本来想着把你活捉回去,退还六国所有的土地。”片刻,卫士们也都冲进了殿中,一人一剑,结果了荆轲的性命。而殿外的秦武阳还没从惊恐中反应过来就被卫士们干掉了。

荆轲刺秦王最终以失败而告终,他一代侠客的名声也因此而流传千古。刺杀失败后,嬴政派兵猛攻燕国,燕国国王为了苟延残喘,命令太子丹自杀,然后把脑袋送给嬴政,五年后,燕国灭亡。

捌:高渐离
——士为知己者死

高渐离是旷世奇才,嬴政舍不得杀他,故而熏瞎他的双眼,让他安分点。但是,高渐离并没有选择苟且偷生,对于他来说,“士为知己者死”是一生的信条,付出双眼不能成功,那么就献出生命。在最后一次击筑中,他视死如归,用筑砸向嬴政。只不过,他还是没能成功。

▶前　　言

公元前227年，秦国的铁骑攻打赵国，一度进军易水之滨，燕国举国恐慌。在无计可施的情况下，燕太子丹任用门客荆轲为刺客，在江湖中选纳秦武阳为副手，二人共赴秦国，刺杀秦王嬴政。

但是，荆轲和秦武阳的刺杀以失败而告终，两人壮烈殉国。嬴政震怒，当即令王翦领兵攻打燕国。

燕国兵弱将寡，根本无力抵挡秦国的大军，为了挽救燕国于危难，乞求秦国缓兵。年迈的燕王喜做出了一个昏庸的决定，杀死儿子太子丹，割其头，派使者送给嬴政，希望嬴政能缓兵。

但是这一举动并未得到嬴政的欢心，秦军继续进攻，五年后（公元前222年），秦军俘获燕王喜，燕国灭亡。燕太子丹的门客不是被杀就是逃往。其中，高渐离就是逃亡者。

高渐离，荆轲的挚友，也是荆轲的知己。荆轲前往刺杀嬴政之时，高渐离曾规劝过，劝其不去。不过，荆轲一心要阻拦秦国奔腾的马蹄，刺杀那个横扫天下的男人，还各国太平，并未听劝。

易水之滨，高渐离送别荆轲，其击筑，荆轲高歌，一曲“风萧萧兮易水寒，壮士一去兮不复返”，成为绝唱。最终，荆轲死于秦宫。

燕国灭亡后，高渐离本想隐姓埋名，了此残生。但是，“士为知

己者死”的信条让他无法沉寂，为荆轲报仇，为燕国报仇的信念，促使他重出江湖。

高渐离是击筑高手，早已闻名遐迩。最终，因为击筑，他被秦始皇嬴政赏识，得以进宫为嬴政击筑。高渐离“明知山有虎，偏向虎山行”。第一次以筑击嬴政，未成功。嬴政命人弄瞎了高渐离的双眼。

高渐离是旷世奇才，嬴政舍不得杀他，故而熏瞎他的双眼，让他安分点。但是，高渐离并没有选择苟且偷生，对于他来说，“士为知己者死”是一生的信条，付出双眼不能成功，那么就献出生命。在最后一次击筑中，他视死如归，用筑砸向嬴政。只不过，他还是没能成功。

▶Part 1

音律高手、市井中人
——隐姓埋名、伺机而动

他答应了客人的要求,他去房间换衣,拿筑,他变回了真正地高渐离,荆轲的知己。所有的人再次见到他的那一刹那,诧异不已。

高渐离坐下,拂袖,注目,双手触碰筑弦,易水之滨的那一曲应声而出,在座之人如痴如醉。筑声中他仿佛又见到了荆轲,众人都不明白,这么好的筑声,这么好的乐师,之前为何选择自我放弃。

1. 燕国灭亡、荆轲已死——流亡生活、忍辱伺机

那一日,咸阳宫万籁俱寂,秦国黑色的国旗在咸阳宫到处招

展；天空，浮云万里，偶尔有大雁掠过，不经意地低头俯窥威严的咸阳宫。（由于咸阳宫太过威严，以至于这些飞雁都不敢在咸阳宫的领空上随意大小便，以免被秦国的士兵射下来。）咸阳宫的青砖古道，这是多少人梦寐以求走上的路。

“传燕人高渐离！”

很快便见到一个穿白衣的男子，在内侍的导引下，慢慢地出现在殿前的青砖古道之上。

他，双目紧闭，飘逸的长发在风中不停地飞舞，脸庞被长发遮住，若隐若现，他的脸上有一种说不出来的表情，双唇微张又合上，双手紧紧地抱着筑（古代一种乐器）。

此人就是高渐离，荆轲的知己，燕太子丹属下的刺客。他不紧不慢地跟在内侍的后面，宣召他的是当今的皇帝——秦始皇嬴政。

脚下突然像是被什么羁绊般，发丝被风吹开，他的脸上现出一种痛苦的感觉。这条路曾经荆轲也走过，那个他一生唯一的知己。荆轲走上这条路后就再也没有回头过，他死在了前面的宫殿之中。那一刻他回想到了往前的种种，就像是一种诀别的回忆。

曾经，他只是一个击筑的乐者，第一次见到荆轲的时候，荆轲就看破了他乐曲中的感情，为国为民，悲天悯人，却又怀才不遇。那一段时光，他们在一起谈天说地，放肆高歌，日日纵酒为欢（荆轲和高渐离都是好酒之人）。后来荆轲经田光的举荐成为了太子丹的门客。他很早就知道，荆轲是一个刺客，但是荆轲又不是一般的刺客，所以，荆轲才会是他的知己。

很快，他也成了太子丹的门客，太子丹的门客并不一定都是刺客，他是一个乐者，一个为太子丹而歌的乐者，他不知道自己是不

是刺客。

秦国一统天下的进程已无可更改，战火很快便会烧到燕国，唯一能阻止秦国军队的方法，就是杀掉秦王嬴政。

荆轲主动请缨，所有的人都知道这次的刺杀任务无异于送死，这些年来，六国派出去刺杀嬴政的所有刺客都没有见到嬴政的面便被杀死，高渐离知道，荆轲这一次也不会例外。

他劝过荆轲，毕竟荆轲是他唯一的知己，他不希望荆轲白白送死。可是荆轲已下定决心，一旦一个刺客下定决心，那么他便不会回头。

那一日，易水之滨，他击筑为荆轲践行，筑声高亢激昂，却又悲凉阴郁，他不停地使用变声，那是他内心的担忧在现实面前无力地挣扎。荆轲亦高歌附和，“风萧萧兮易水寒，壮士一去兮不复返！”这是荆轲留下的最后的言语，他用筑声送荆轲离开。

荆轲死了，死在刺杀嬴政的大殿之上，荆轲死后，嬴政的秦军以最快的速度打到了燕国，燕国投降。秦军在燕国范围内搜捕太子丹的门客，高渐离也榜上有名。

他化装逃跑，远离秦军的追捕，他甚至更改姓名。（反正秦国刚刚攻下燕国，还没把燕国的人口统计出来，也还没颁发秦国的户口本，他可以任意地更改身份，不会有人查他的身份证）他停留在了一个叫做宋子的小城镇，无尽的逃亡生涯，他已经厌倦。

荆轲死了，他也不再击筑了，他将筑封存起来，就像是封存一段记忆。他在宋子给别人当仆人，曾经燕国最厉害的乐师在小镇给人当仆人，而且还放弃了筑。对高渐离来说，这是一生最痛苦的事。

多少次午夜梦萦，筑声魂牵梦绕；多少次他回到了当年易水之滨诀别的场点，“风萧萧兮易水寒，壮士一去兮不复返”，荆轲诀别的高歌一直回荡在他的梦中，他的心中。

他梦见自己的双手再次拨弄筑的弦，那穿透生死界限的弦声，一次次敲击着他的灵魂。筑声中，他看见荆轲躺在血泊之中，含血的双唇歌着：“风萧萧兮易水寒，壮士一去兮不复返”。

这就是宿命，他想，那一刻，他成了一个刺客，“士为知己者死”，或许是时候了。

2. 神奇一筑、惊为天人——时机已到、明知危险

那一日，有一客当众用筑弹奏了一曲，自我感觉很完美，还搞了一个谢幕。一股内心的冲动让高渐离忍不住评论了几句，将客人弹奏中的不足一一点评出来。客人听后虽觉有道理，但是男人都是要面子的，何况是一个地位尊高的人被一个仆人批评。为了挽回面子，客人反唇相讥，说：莫非同志你也会玩音乐，不如给大家弹上一曲。

他知道，筑声一出，或许他高渐离就会死，因为整个燕国，只有他高渐离的筑声能够横行无忌。

他答应了客人的要求，他去房间换衣，拿筑，他变回了真正的高渐离，荆轲的知己。所有的人再次见到他的那一刹那，诧异不已。

高渐离坐下，拂袖，注目，双手触碰筑弦，易水之滨的那一曲应

声而出，在座之人如痴如醉。筑声中他仿佛又见到了荆轲，众人都不明白，这么好的筑声，这么好的乐师，之前为何选择自我放弃。

这一曲，还是没有人懂，众人只知道高声欢呼，激动不已。高渐离在欢呼中沉默，眼前又浮现了酒馆中，荆轲和他喝醉后抱着痛哭的场面。

他又红了，从宋子红到整个秦国，他一连办了无数次的个人专场演奏会，场场爆满，门票一票难求，制作方也因此成了秦国的新富豪，长期占据秦国富豪榜的首位。

名与利，高渐离都不在乎，高渐离在乎的是报仇！

▶Part 2

临危不乱、慷慨赴死
——士为知己、死而何憾

这一日，嬴政又宣召他了，嬴政想让他在宫殿之上给当朝的臣子们也弹奏一曲，也让这些朝中的音乐盲们感受一下高雅的生活。高渐离等这一刻已经太久，他早已经准备好了铅，他将铅放进筑中，准备演奏到高潮的时候，用筑去砸嬴政的头，铅顺着伤口注入嬴政的脑袋中，嬴政就算是有九条命也活不了。

1. 刺杀不成、变成盲人——拼死一击、付出双眼

事情就巧在秦始皇同志也是一个发烧友，平常没什么事就喜欢玩玩音乐，弄点高雅的事。尤其对筑特别痴迷，听说有一个人连

续在秦国办了无数次的个人专奏演唱会，秦始皇也想见识一下，于是就派人把高渐离请到了首都咸阳。

第一次听高渐离击筑，秦始皇就被迷住了，那亦悲亦喜、亦痛亦欢，低沉、悲凉，欢快、激昂，筑的每一次变声，都让嬴政迷离。筑的这种至高境界，他听了一辈子都没有遇到过，他本想在听完之后，问问眼前的这个冰冷的年轻人小时候是不是被爸妈逼着每天练十几个小时的筑？是不是没有快乐的童年？可是，高渐离的这一曲才刚刚弹完，他都还没找到机会刺杀嬴政，就已经有人认出了他。

所有的人都知道他是高渐离，燕太子丹养的刺客，刺客荆轲的知已。对于荆轲的刺杀，嬴政还心有余悸，若不是他早有防备之心，或许他早已成荆轲刀下之鬼。他看着眼前这个人冰冷的脸庞和仇恨的目光，那一刻他竟然怕了。在战场上厮杀几十年，他指挥秦军吞并六国，杀人无数，他从未怕过，这一刻，见到高渐离眼神的时候，他竟然有些许怕了。

他本可以杀掉高渐离，但是若杀掉高渐离，他以后永远都听不到这么好的音乐了，他舍不得。（他把自己装扮成一个高雅音乐的爱好者，他甚至一度以为自己就是高渐离的粉丝。）他命令侍卫燃烧马粪，然后将高渐离的头按在马粪的上方，烟熏瞎了高渐离的双眼。嬴政觉得，一个刺客没有了眼睛，那么他就不会是一个刺客，至多只能算是受国家保护的残疾人。

高渐离成了一个盲人，（可是他不按摩，他还是一个乐师。）乐者是不需要眼睛的，他和他的筑已融为一体，他用心去弹奏。

他忍着屈辱，忍着疼痛，只为报荆轲之仇，只为杀嬴政。

2. 宫中击筑、始皇之侧——最后机会、士为知己

高渐离成了秦始皇的御用乐师，不论什么场合，只要嬴政想听音乐了，他就会宣召高渐离。他愿意沉醉在高渐离的乐声之中，也只有高渐离的筑声能让这个全中国最威严、最强大的男人痴迷。

高渐离在等待时机，他把自己当成了荆轲生命的延续，荆轲失败了，但他想要找寻一个最好的机会，给嬴政最致命的一击。

嬴政虽然是一个音乐爱好者，也曾经不止一次的点评过高渐离的弹奏，但在高渐离看来，那些都是牛头不对马嘴，嬴政听到的只是乐声的外在表现，他听不出筑声中最想表达的情感。

秦始皇渐渐地对高渐离放松了警惕，瞎子终究成不了事，况且他觉得他给了高渐离作为一个音乐家所能得到的一切东西。有政府颁发的国家特级音乐家证书，享受国家最高级津贴，还享受政府的一切福利性项目，他不相信一个瞎子会放弃这些来之不易的东西。

宣召的次数越多，高渐离离嬴政越近，嬴政作为一个伪音乐爱好者想要近距离感受筑声中传达的感情。高渐离甚至故意用筑触碰过嬴政的衣袖，可是嬴政竟然没有任何反应，嬴政对他已经完全没了防备之心，此时正是动手的最好时机。

这一日，嬴政又宣召他了，嬴政想让他在宫殿之上给当朝的臣子们也弹奏一曲，也让这些朝中的音乐盲们感受一下高雅的生活。高渐离等这一刻已经太久，他早已经准备好了铅，他将铅放进筑

中，准备演奏到高潮的时候，用筑去砸嬴政的头，铅顺着伤口注入嬴政的脑袋中，嬴政就算是有九条命也活不了。

这是一个天衣无缝的刺杀行动，他现在已经是一个出色的刺客，他用十几年的坚忍来证明，“士为知己者死”的信念。

他抱着放了铅的筑跟随内侍踏着荆轲曾经走过的青砖古道向大殿走去，大殿中很静，像是空无一人。很快他便听到了嬴政的声音，嬴政让他坐到自己的旁边去演奏，这对高渐离来说简直是天赐良机。

他坐下，轻拂衣袖，殿外的风吹起他的发丝，面无表情。筑声在大殿中飘荡，在空气中流淌……

嬴政坐在龙椅之上怔怔地看着高渐离弄弦的双手，如痴如醉，像是一个色魔见到了绝色美女般，眼神中涌现出了无限地渴望。

他情不自禁地从椅子上起来，走到高渐离的身边，低头，他想要看清高渐离到底是怎样弹奏出这么美好的乐声？他想要在高渐离这边偷学两招。

高渐离通过嬴政的脚步声，辨出了嬴政的方位，他估摸出嬴政头部的位置。说时迟那时快，他举起筑就向嬴政砸去。

筑声戛然而止，所有的人都大惊，这出其不意的一击，所有的人都没料到，包括嬴政最亲密的侍卫。能救嬴政的，只有他自己。

秦始皇嬴政毕竟久经沙场，他也算是一位武林高手，上一次就是他自己以最快的速度躲过了绝世高手荆轲的一击，这一次也还是他自己，高渐离筑声停止的那一刹那，嬴政就将身体侧了下去。筑打偏，击在了案几之上，铅从筑里面蹦出来，筑粉碎。

高渐离将所有的希望都寄在这一击之上，击中嬴政最好，击不

中他便死，他是一个刺客，他早已料到了这种结局。

他大笑，眼睛还是紧闭着，长发遮住了他的脸庞。那一刻，他耳畔再次响起了荆轲临别时“风萧萧兮易水寒，壮士一去兮不复返！”的高歌。

这一次，秦始皇没有犹豫，卫士们冲上来杀掉了高渐离！

那一刻，高渐离笑了，士为知己者死！他延续着荆轲苍凉的悲唱！

玖:张良
——不够敬业的刺客

嬴政也清楚,六国余孽尚多。为了震慑六国余孽,嬴政统一六国之后,便借机东巡,名为考察民情,确立合法、正统地位,实则是打压六国余孽。

但是,嬴政的这一冒险出巡,也给六国残余势力以复仇机会。张良,这个韩国贵族后裔,便趁机在嬴政东巡途中,刺杀于他。

▶前　言

公元前221年，秦王嬴政一统六国，成为天下至尊。自称始皇帝，开创中国两千多年的君主专制制度。但是，其他六国贵族与秦政府貌合神离，一个个蠢蠢欲动，表面平静的秦王朝，底下却是暗流涌动。

嬴政也清楚，六国余孽尚多。为了震慑六国余孽，嬴政统一六国之后，便借机东巡，名为考察民情，确立合法、正统地位，实则是打压六国余孽。

但是，嬴政的这一冒险出巡，也给以六国残余势力复仇机会。张良，这个韩国贵族后裔，便趁机在嬴政东巡途中，刺杀于他。

张良，出生年不祥，据考证，张良最晚在公元前250年出生，因为那一年其父张平去世。其先祖五代为韩相，真正意义上的相门世家。到张良这一代，正值韩国衰败时期，公元230年，韩王投降，韩国便宣告灭亡。张良成了一个亡国亡家的贵族公子。

嬴政统一六国之后，张良一直寻机刺杀他。最终他找到仓海君，觅得一勇士，二人共同埋伏于博浪沙，刺杀嬴政。最终未果，张良逃去。传闻他在逃跑的途中，偶得姜尚的《太公兵法》，因此他用兵如神。

秦末大乱，项羽、刘邦趁势而起，张良不失时机投靠到刘邦这一边。运用生平所学，帮助刘邦攻城略地，在刘邦最危险的时候，救他于鸿门宴。之后又献计烧掉蜀中返回关中的栈道，以表明刘邦无心回关中，让项羽掉以轻心。最后，张良与韩信一起，演了一场“明修栈道，暗度陈仓”的好戏，打了项羽一个措手不及。刘邦自此平定天下，建立大汉。

刘邦在评价张良时说：“夫运筹帷幄之中，决胜千里之外，吾不如子房。”张良因此与萧何、韩信合称“汉初三杰”。

但就是这样一个“运筹帷幄之中，决胜千里之外”的智者，却曾经一度是一名刺客，一心报国仇家恨，而且还险些因刺杀而丧命。

▶Part 1

公卿世家、破落贵族
——散尽家财、伺机而动

他不能当官了,没有了经济来源,从小也就学会了读书,其他的什么都不会干,加上他不愿为新政权办事,这种人在社会上就是饿死的对象。还好,他家里有钱,祖上这么多年,也没少拿。韩国灭亡之后,不动产都被张良变卖了;动产,他也都装进了腰包。他离开韩国,变成了一个浪人,散尽家财,去天下寻找志同道合的人,一起刺杀嬴政。

1. 国破家亡、破落贵族——亡国公子、一心寻机

说起张良,恐怕没有多少人不知道他,他是汉朝的开国功臣,

是刘邦打天下的得力助手。但他还有一个身份,就是刺客。

张良,字子房,韩国人,生得英俊潇洒,不过说他妩媚净白或许更恰当一点。据司马迁描述,其人似女子之容。有点儿类似人们常说的小白脸。但张良绝不是一个吃软饭的人,他身世显赫,祖上几世为韩国的相国。

他生长在一个锦衣玉食的家庭,家里不缺钱也不缺佣人,偶尔还能用权力干点儿违法的事情。如果不是后来秦国的入侵,改写了历史,说不定张良和祖辈们一样,会在韩国为官,凭借祖宗们的阴德,一步一步往上爬,没准也能混个相国当当。

张良本姓韩,他和韩国的皇室属于一支,他们留着共同的血。可以说,只要韩国不亡,张良绝不愁没有发展的空间。

他从小便饱读诗书,这也是他和其他刺客不同的一个方面,他有一个良好的成长环境,要风得风,要雨得雨。他爷爷和老爸估计也想将他培养成相国的接班人,所以打小就开始栽培他,学习各种技艺,他的童年就是一部奋斗史。

二十几年,他光奋斗了,还没好好地享受过荣耀,韩国就亡国了。被中国历史上最强悍的一个男人,带着他的铁骑灭亡了。这个男人就是嬴政——秦国的国君。从那时开始,张良就将这个名字刻在心底,他要报仇,不仅因为嬴政打破了他所有的梦,还因为嬴政灭亡了他的国家,可谓是国仇家恨。

他不能当官了,没有了经济来源,从小也就学会了读书,其他的什么都不会干,加上他不愿为新政权办事,这种人在社会上就是饿死的对象。还好,他家里有钱,祖上这么多年,也没少拿。韩国灭亡之后,不动产都被张良变卖了;动产,他也都装进了腰包。他

离开韩国，变成了一个浪人，散尽家财，去寻找天下志同道合的人，一起刺杀嬴政。

2. 散尽家财、刺客转型——天下寻找、不惧艰辛

他从一个官二代一下子变为刺客，从反恐主义者，变成了恐怖分子。人的转变有时候就只那么一下子，很多事情其实都很扯淡，张良想。

从灭亡的韩国流亡后，他就改了名字，不姓韩了，姓张，字子房。不是他不喜欢韩国，是伪造一个身份比较好办事。那年代本来就没什么身份管理，加上秦国刚刚统一天下，其他六国的户籍都还没完全统计出来。所以，改名字这种事发生是很正常的。

张良，一个落寞的贵族，揣着崇高的信念和祖上不知是怎么搞来的巨款，行走天涯。他有一个个弟弟英年早逝，他都没时间去管，他整天都在计划自己的刺杀事项。最后弟弟入土为安了，他倒是想起来有这么一个弟弟了，于是跑过去把弟弟的家产都变卖了，钱都被他拿了。

又是官二代，又是富二代，从小大手大脚用钱用习惯了，所以独自一人跑江湖后也没个节制。当然，这也是有原因的，因为他经常要花重金去打探消息，什么地方有刺客，厉害一点儿的刺客。

后来，他打听到，燕赵之地或许有，荆轲和高渐离、聂政这些人就是从那里出来的。于是，他马不停蹄地赶往燕国旧地。他暗地里不停地复印招聘广告，广招天下的刺客。并且花重金让不怕死

的人去张贴，或者去查访。

花了无数的钞票，张良最终打听出一个叫做仓海君的家伙，他手底下有一票人。这些人平常不出手，出手就要干大票，搞一个恐怖袭击，来无影去无踪。张良一听，得瑟了，他就喜欢这些人，正中下怀。

钱，敞开着花，张良不在乎。钱嘛，身外之物，不管是怎么来的，最终都是为了花。这东西，生不带来死不带去，没有什么好节约的。也不知道花了多少钱，走了多少路，历经了多少艰辛，反正张良最后见到了这个传说中的仓海君。他的确组建了一个恐怖分子基地，手底下也的确有那么一票人，行踪不定的一票人。个个都身价不菲，随便取一个脑袋上交政府，都能得到一笔不小的收入。

他放低自己的身份，与这些人合流，只为报国仇家恨。

▶Part 2

古博浪沙、轰动天下
——禁旅森严、又有何惧

不过，一个成功的刺客在刺杀开始之前，一般都会设计好逃跑的路线。荆轲、高渐离、专诸等大名鼎鼎的刺客都没有设计逃跑路线，证明他们不是最好的刺客。士为知己者死是一种信仰与精神，在精神上他们是崇高的，但是拿到刺客行业来说，他们只能是悲壮的，算不得最好的刺客。

1. 基地组织、万里寻踪——侠肝义胆、誓不罢休

仓海君估计也是某个国家的残余分子，因为国家被秦国吞灭了，所以也一心一意的搞恐怖袭击，妄图以恐怖手段复国。张良找

到他,也算是找到组织了。不过,张良并不想在基地组织待一辈子,他是一个有理想、有抱负的好青年,恐怖袭击不过是他当刺客时的一种手段而已。报仇之后,他就准备金盆洗手,不干了。

两个恐怖分子在一起商谈了很久,最终仓海君决定给张良推荐一位大力士。于是,张良就见到了一位满脸络腮胡,虎背熊腰,体大如牛的大力士。张良站在他的身边完全就像是一个小孩子。

张良当时那个心花怒放,当即付清了请刺客的费用,给大力士定制了一柄重达六十斤的链子铁锤(当然,这是应大力士要求所制)。制成之后,这位大力士舞着铁锤就跟玩似的,毫不费力。

好的开始是成功的一半,张良找到了一个好的刺客,他的刺杀行动也就成了一半。接下来的任务就是找到嬴政,然后趁机杀死他。

这是一个高难度的任务,张良心里明白。之前的荆轲和高渐离两位赫赫有名的刺客都未能刺死嬴政,反而被害死,可见其难度。尤其是他们二人实施刺杀行动的时候,与嬴政近在咫尺。最后,二人皆以失败而告终,成了刀下之鬼。张良是一个饱读诗书的谋略家,他总结前辈们的经验教训,然后制定出一套切实可行的方案。他夜以继日的思考、琢磨。

不过要是嬴政整天躲在皇宫不出来,谁也没有办法。还好,嬴政不是这么一个人,他是一个勇敢的男人,他不需要躲在皇宫里。相反,他要出来,他要巡游天下,声势越大越好。一来,可以震慑六国残余势力;二来,可以收揽民心,宣示正统。让这样一个有气魄的男人统一天下,也是合情合理的。

嬴政出巡五次,最终也死在出巡的途中。张良不惜荡尽祖宗

几辈子积累的财富,打听出嬴政出巡的路线。有钱能使鬼推磨,这种打听消息的事,他还是能办到的。不过,在关键问题上,钱就不起作用了。嬴政出巡到底坐哪辆马车?只有搞清了这个问题,才有可能去刺杀。

一来,可能是嬴政身边的人怕事情泄露了被杀头,有钱也不敢透露;二来,可能他们真的不知道嬴政坐哪辆车。自从荆轲和高渐离接连刺杀嬴政后,他就加大了防范力度。尤其是出巡这种事。他心里清楚,六国余孽尚多,随时都有可能遇到刺客,不加以防范迟早会出事。因此,到底坐什么车,只有出发的时候才清楚。

那时候的行刺,也没有人肉炸弹这一说,要是有这东西,嬴政早就挂了。弄不清嬴政具体乘坐哪一辆车,怎么办?

伟大的理想近在咫尺,总不能不去实行吧?张良问自己。有条件要上,没条件创造条件也要上,谁让我们是奋斗的一代人呢。

张良清楚了嬴政的出巡路线,整天带着大力士去那边搞演习,大力士手中的铁锤,次次都能击中目标。只要对准嬴政坐的马车,嬴政必死无疑。

不过,一个成功的刺客在刺杀开始之前,一般都会设计好逃跑的路线。荆轲、高渐离、专诸等大名鼎鼎的刺客都没有设计逃跑路线,证明他们不是最好的刺客。士为知己者死是一种信仰与精神,在精神上他们是崇高的,但是拿到刺客行业来说,他们只能是悲壮的,算不得最好的刺客。

好的刺客,怎么说也得来去无踪,杀人无形。张良就想做这种刺客,所以他和大力士商定,一旦铁锤扔出去之后,他们两个人就分开逃跑,不用去管结果,结果稍后自然便知。

刺客，是在万不得已时献身，如果有条件成功逃脱，那为什么要白白牺牲呢？留得青山在不愁没柴烧，君子报仇，十年不晚。实际上，后来张良证明了这一真理。

万事俱备，只欠嬴政出来。

2. 满城搜索、刺客是谁——留得青山、韬光养晦

那一天，古博浪沙人声鼎沸，人头攒动。阳武县的警察、城管们一大早就过来戒严，维持街道的秩序。到处都是巡逻队，想要行刺很难。

不过张良和大力士已经做好了充分地准备，这点儿防范对他们来说不算什么。很快，嬴政的车队就出现在了古博浪沙。

"欢迎皇帝光临阳武县……"县民们开始欢呼起来，这些当然都是阳武县县令搞的迎接仪式。国家最高领导人从县上经过，当县令的当然要做出点表示。本来想着安保已经这么严了，欢迎仪式又这么热闹，事后领点赏应该是没问题的。谁知，一个突然的变故，毁了他的前途。

这个毁了他前程的男人就是张良，那个韩国的恐怖分子。

就在阳武县令跪地迎接中国第一位皇帝——秦始皇嬴政的时候，突然从天空中飞来一个不祥之物，一个巨大的铁锤。人群骚动，一声巨响过后，只见一辆金色的马车被砸得粉碎，里面乘坐的一个人已经躺在血泊之中。阳武县令当时脸色煞白，傻在了那里。

众人惊呼，向铁锤飞来的方向看去，什么都没看到，刺客早已

经消失不见。

巡逻队和嬴政的侍卫立刻去缉拿凶手，幸好砸中的并不是嬴政的马车，不然，中国又要陷入分裂、战争之中了。

秦始皇嬴政给自己找了替身，这是一个国家最高领导人出行的必备，尤其是有很多刺客之时。

张良的行刺失败了，但他并没有为此付出什么代价，他活着跑了出去，而且还活得很好。这一次行刺之后，他还真的不干了，他觉得，做恐怖分子没什么前途。他转行了，最终搞起了大起义，帮助刘邦打天下。他可谓是刺客中，转行最为成功之人。

张良的血性和其他刺客还不同，在他之前的那些刺客，无非都是怀着“士为知己者死”的信念。但他不是，他纯粹是为了报国仇家恨。之所以说张良是一个纯爷们，是因为一个真正的纯爷们是知道能屈能伸的，既然行刺不一定能够成功，那么就要想另外的好办法来报仇雪恨，为国为民除害。离开刺客这一行，他走上了造反的行列，就是最好的说明。好的刺客，并不是一味地献身、献身。好的刺客必须有好的计谋，有一定的预见能力，这样才能以有限的能力做成最大的事情。

拾:魏孝庄
——誓不做傀儡

元子攸(507 年～530 年),北魏孝庄帝,宗室子,颇有声望,尔朱荣兴兵南下时,暗中与元子攸交好,意欲立其为帝。元子攸也欲做出一番事业,重整大魏河山,两人一拍即合。公元 528 年,尔朱荣制造了“河阴之变”,胡太后及一干人等全都被杀,元子攸被立为帝。但被立为帝的元子攸,并未掌握实权,实际上成了尔朱荣的傀儡。但元子攸心比天高,不甘心屈人膝下,于是他亲自谋划了一场大刺杀。

▶前　　言

北魏王朝是魏晋南北朝时期的一朵奇葩，在苻坚的前秦政权灭亡后，北魏政权逐步掌控了中国北方地区。以鲜卑族起家的北魏政权，从上到下皆由鲜卑人掌控。但随着疆域越来越辽阔，人口愈来愈多，胡汉夹杂的情况，让北魏统治者不得不改变策略。

北魏孝文帝应运而生，在冯太后改革的基础上，孝文帝进一步汉化，他要求鲜卑贵族的姓全都要变为汉姓，而且将国语由鲜卑语变为汉语，并且迁都洛阳，将统治中心南移。

孝文帝死后，其儿子元恪即位，继续稳固孝文帝的改革。但是鲜卑贵族高层却一个个陷入了奢侈糜烂的生活，卖官鬻爵成了很正常的事情，农民起义风起云涌。面对内忧外患的局势，元恪回天乏术，最后重病而死，死时年仅 33 岁。

元恪死前立其子元诩为皇太子，但是他并没有遵循北魏的传统，北魏一直实行着“母死子贵”的制度。实际上就是北魏统治者为了防止外戚干政，避免东汉末年太后乱政、外戚干政局面的出现，而采取的一种残忍政策。即皇宫之中若有女性生了皇子，那么她就会被处死。

应对这一政策出现的还有“保太后”制度，皇子的生母被杀之

后，需要选出一位保姆来照料皇子，等到皇子继承皇位后，其保姆就会被册立为太后。

但是在元恪一朝，他并没有杀掉元诩的母亲胡贵妃，元恪死后，胡贵妃顺理成章地成为太后，开始专政起来。

胡太后专政，必定会起用一批人，打击一批人，北魏王朝在女人弄权下，弄得面目全非。各地农民起义不断，为了平叛，北魏政府饮鸩止渴，起用胡人尔朱荣。尔朱荣凭借优越的军事才能，迅速在北魏军坛崛起，并且成为北魏政权的支柱。

任意妄为的胡太后为了纵情声色，杀掉了亲生儿子，孝明帝元诩。正好给了尔朱荣起兵的借口，元子攸也乘势而起。

元子攸（507 年—530 年），北魏孝庄帝，宗室子，颇有声望，尔朱荣兴兵南下时，暗中与元子攸交好，意欲立其为帝。元子攸也欲做出一番事业，重整大魏河山，两人一拍即合。公元 528 年，尔朱荣制造了“河阴之变”，胡太后及一干人等全都被杀，元子攸被立为帝。

但被立为帝的元子攸，并未掌握实权，实际上成了尔朱荣的傀儡。但元子攸心比天高，不甘心屈人膝下，于是他亲自谋划了一场大刺杀。

▶Part 1

傀儡皇帝、撕心裂肺——夜不能寐、誓杀此贼

那一日，五品以上的高级官员，还有一些相当有名望的大族，全都在军队的胁迫下到场。令他们没想到的是，并没有什么祭天仪式，原来不过是一场屠杀。两千来人刚到场，就被尔朱荣的骑兵团团包围。霎时，箭如雨下，两千个国家高级官员全都命丧当场。被称之为“河阴之变”。

1. 内忧外患、国家存亡——趁机而起、强悍对手

公元528年2月19日这天，天气异常地沉闷，洛阳城的人们显得躁动与不安，似乎隐隐约约预示着什么。这一天，作为王室公子

的元子攸焦急地在房间来回踱步，他心绪不宁，刚刚才给晋阳（太原）的尔朱荣写了一封长信，说明京城洛阳的情况，以及他的想法。

他心里清楚，洛阳城平静的表面下掩盖着一股暗流，现在暗流汹涌而动，随时都有可能摇得山裂地崩。作为帝王子孙，他有责任稳定魏朝政局，所以他给尔朱荣写了一封信，希望尔朱荣能够带兵进京，保卫皇帝。

事有凑巧，魏孝明帝也在同一天给尔朱荣写了信，信的内容与元子攸写的如出一辙。他们都意识到了胡太后一党的威胁，在京畿无重兵护卫的情况下，魏明帝首先就想到了尔朱荣。

尔朱荣，最近十来年在北方兴起的一个暴发户，也许用十几年成功，并不算一个暴发户。但是，尔朱荣是。

尔朱荣，字天宝，胡人，生于公元 493 年。早年，他不过是一个没有名气的地方酋长，过着所有酋长都在过的生活，打猎、开会、聚餐，搞平均主义社会。但他的志气远不在于此，他是一个有理想与抱负的酋长，他要成就一番大事业，做一个安乐的酋长只会消磨人的斗志。

老天爷给了他成名的机会，北魏末年，农民起义此起彼伏，中央疲于应付。所以，各种地方势力趁机崛起。尔朱荣是一个有长远眼光的人，所谓乱世出英雄，他一直相信这句话。他散尽家财，招兵买马，从地方开始，镇压农民起义军。他所要效法的对象就是三国枭雄——曹操。

短短几年间，他从最开始的四五千部落兵，发展到后来的几万人，傲视群雄。在镇压起义军的过程中，他也总结出很多实战经验，农民起义军都惧怕尔朱荣。

对于这样一股地方势力的兴起，北魏政府表示很高兴。毕竟，这支武装是为政府服务的，他们只需要出一点军费就可以摆平起义军，何乐而不为？这对中央政府和尔朱荣来说是一种双赢。尔朱荣靠政府的支持，势力得到进一步的发展；而朝廷也稳固了政权。

尔朱荣先后被擢升为游击将军、冠军将军、平北将军和北道都督。渐渐地成为北魏政府最为倚重的一支武装力量。

不过，尔朱荣的出身成分并不好，他成名之前只不过是一个小部落的酋长，在讲求门第等级观念的魏晋南北朝时期，他的出身对他的仕途没有一点帮助。所以，为中央政府打拼了十几年，他甚至都没见到过主子。

而这一天，他同时受到了两封来信，一封为当朝皇帝所写；另一封为宗室元子攸所写。他有着敏锐的政治嗅觉，时机到了。

魏孝明帝也是无可奈何之下才给尔朱荣写信求助的，他虽然名义上是魏国的皇帝，可是所有的权力都掌握在母后——皇太后手中。

2. 弱小皇帝、被毒致死——重度阴影、不做傀儡

魏孝明帝是北魏宣武帝元恪的第三子，515 年宣武帝病逝之后，他即位为帝，太傅、侍中元怿为辅政大臣。矛盾在最开始就已经注定，魏孝明帝元诩即位时才五岁，胡太后正青春貌美如花，如狼似虎的年纪，耐不住寂寞。也不知道是她对太傅元怿一见钟情，

还是他们两情相悦。总之，没多久元怿就成了胡太后的情夫。元怿也乐而为之，毕竟胡太后垂帘听政，掌握朝政大权，有这么一个情人，他的仕途就会平坦许多。

魏孝明帝那时还小，所以元怿也不避嫌，经常在胡太后的寝宫过夜。元怿是太后的情夫，这已经成了公开的秘密。但是魏孝明帝元诩是个自尊心很强的小孩，他总是不经意地听到有人在议论他的母亲和人私通，刚开始他并不知道私通是什么意思，后来见元怿留在母亲寝宫过夜，他就知道是什么意思了。

他觉得面子上没光，胡太后的所作所为有损国威和人格，魏国拓跋祖先们的脸都被丢尽了。于是，他想着为祖先们争一口气，杀掉太后的情夫，那样太后就不会成为天下的笑柄了。

因此，在他十岁的时候，他指使姨父元叉和宦官刘腾，派兵将元怿给杀死，然后囚禁胡太后于宣光殿。

但是魏孝明帝只不过是杀了胡太后的情夫，并没有铲除太后一党。因此被囚禁的胡太后很快便在拥护她的官员们的支持下出山，她重新掌握了政权，小毛孩魏孝明帝再次沦为傀儡。

令他更加没想到的是，胡太后失去了一个情夫，出山后又包养了好几个。胡太后的欲望太强，不论是对身体还是对权力。郑俨、徐纥和李神轨成了太后最常用的情人。

既然是最受宠的情人，那么他们必然会干涉朝政，很快沉迷于男色之中的胡太后就把权力完全交给了郑俨和徐纥。此二人迅速把持了朝政，从上到下、由内到外，权倾一时。整个洛阳城被他们弄得乌烟瘴气，各种陋习相继涌现。京城成了最为浑浊的地方。

时间进入到 528 年，魏孝明帝已经虚岁 19 了，他不能再忍受胡

太后一党的胡作非为了，他要铲除后党。

可是京畿周围都是胡太后的亲信，之前助他杀掉元怿的元乂和刘腾已经被胡太后给做掉了。他如果想要反击，就必须借助外界力量。在这种情况下，他想到了远在晋阳的尔朱荣。

2月19日，魏孝明帝和元子攸都度过了无眠的一晚，他们都在等待着尔朱荣带兵进京。的确，尔朱荣收到信后，也立马调兵遣将，开拔京城，这是他掌控朝政的最好时机，他当然不会放过。

2月20日，闷热的天气还在继续，清晨，天空中响起了一阵巨雷，把刚刚入睡的魏孝明帝吓了一跳。他赶紧起床，他的心里有一种不祥地预感。

他刚起床，就有内侍兴致勃勃地跑过来禀告他，潘妃产了一位公主。他喜出望外，他最爱的女人为他生了一个女儿，这是这些年难得的高兴事。胡太后下旨，说潘妃产了龙子，大赦天下，普天同庆。

皇子？不是公主吗？魏孝明帝不理解母后这是何意。但很快，他就明白了胡太后的意思，当天下午，郑俨率御林军前来显阳殿，端着剧毒的毒酒，强迫魏孝明帝喝下。

当天下午，胡太后向天下公告，魏孝明帝突得急病，御医诊治无效，暴毙。

皇帝暴毙的消息传到元子攸这儿，他的心都寒了，还是被胡太后早了一步。他更加认定，将尔朱荣招来京城是一种明智的选择，不然，北魏宗室有可能被太后铲除干净。他也坚定信心，不论是否当皇帝，坚决不能做傀儡。

胡太后在宣布皇帝驾崩的消息之后，又立马拥立假皇子为帝，

意图继续控制朝政。假皇子刚刚出生,并没有多少人见过,她可以堵住众人的嘴巴。可是,毕竟新天子是一个女孩,立她为帝不是长久之计。于是,几天后,新天子被废,临洮王之子元钊被立为帝。

从晋阳南下的尔朱荣听到皇帝驾崩的消息,更加高兴,他南下的借口更加充分了。他在黄河北岸举行了誓师仪式,无非就是说一些为皇帝报仇的大话。他慷慨激昂的演讲,让所有士兵都备受鼓舞。

3. 太原起兵、里应外合——河阴之变、天下共主

尔朱荣的大军到了河阳,他派儿子尔朱天光偷偷地溜进洛阳城,与长乐王元子攸密会。这一次的秘密会谈,双方敲定,铲除胡太后之后,由元子攸继承皇位。

4 月 11 日,元子攸出洛阳,来到河阳与尔朱荣会合,当即就被尔朱荣立为皇帝,被称之为魏孝庄帝。

有一个皇帝在身边,尔朱荣更加有恃无恐,率兵继续向京城进发。胡太后闻知元子攸叛变,尔朱荣大军很快就要打到洛阳,随即调集大军抵挡。但是北魏的正规军根本就打不过尔朱荣千锤百炼的军队。

政府军宣告失败,京城的守卫也都四处逃散。胡太后无计可施,只得跑到永宁寺出家,希望这样能避免被杀的下场。

尔朱荣既然都已经兵临洛阳了,他不可能让胡太后活下去,斩草除根,他比谁都清楚。

他派军队强行将胡太后和幼帝请到军中，把皇太后数落了一番。无非就是胡太后红杏出墙、放荡，搞得天下怨声载道。胡太后都还来不及求饶，就被尔朱荣命人沉到了黄河底，与其一起被沉的还有幼帝元钊。

杀了胡太后和幼帝，尔朱荣还觉得不满足，毕竟他是一个外来户，原本不应该干预朝政。而且京城的大小官员都与胡太后有或多或少的联系，这些人联合把京城搞得乌烟瘴气，不铲除，不足以净化京城的空气。

因此，尔朱荣以立元子攸为帝，祭天为名，邀请京城的大小官员悉数到场，不容许有请假的情况。

那一日，官职五品以上的高级官员，还有一些相当有名望的大族，全都在军队的胁迫下到场。令他们没想到的是，并没有什么祭天仪式，原来不过是一场屠杀。两千来人刚到场，就被尔朱荣的骑兵团团包围。霎时，箭如雨下，两千个国家高级官员全都命丧当场。被称之为“河阴之变”。

亲自导演这场大屠杀之后，尔朱荣并没有进京亲自操控朝廷，而是回兵晋阳。只不过，朝廷上安插的全都是亲尔朱荣的官员，元子攸身边的内侍、宫女和妃嫔，基本上都是尔朱荣的人。尔朱荣的女儿，先前魏孝明帝的妃子被立为皇后。

元子攸在不知不觉中成为傀儡，不过，他不甘于此，他要做一个能掌控自己命运、掌控天下命运的人。所以，他必须杀掉尔朱荣。他从即位伊始，便计划着铲除尔朱荣。

▶Part 2

若无自由、吾宁愿死
——不甘傀儡、誓死抗争

不管他的刺杀计划做得多么神秘，还是逃脱不了尔朱荣眼线的监视，他忘了他的生活中没有秘密。很快，皇帝要刺杀尔朱荣的消息就从京城传到了晋阳。但是，尔朱荣并不相信，他不相信23岁的懦弱皇帝有这个胆子。天下是他尔朱荣打出来的，没有他，皇帝就什么都不是。

1. 功勋卓著、炙手可热——除奸艰难、甚于登天

元子攸原本想着通过自己的才能，重整大魏江山。但他没想到，自己不过是一个傀儡，权力完全掌握在尔朱荣的手中，虽然他远在晋阳。但元子攸所做的每一个决定，都首先要通过尔朱荣的

审核。他的一举一动也都被身边的人报告给尔朱荣,他完全没有自由。从那时起,他就想着刺杀尔朱荣。

男人的尊严比什么都重要,何况元子攸还是一个皇帝,总有一日,他要将失去的尊严一次性全都拿回来。

没有自由不打紧,他还经常被女人欺负,被尔朱荣的女儿,当今的皇后欺负。整天看着皇后那副盛气凌人的样子,他巴不得掐死她。可是他不敢,他没有后台。

他的江山还需要尔朱荣来维持,男子汉大丈夫,要忍得住。小不忍则乱大谋,他是一个饱读诗书的有为青年,怎么能因女人而坏了智谋。

他刚即位不久,就遇到了一场北魏历史上的绝世大动乱,北方六镇的叛乱。叛乱的首领叫葛荣,很快就发展到数十万之众,并且自立为敌,国号齐,建元广安。孝庄帝没有办法,只能倚重尔朱荣平叛。

尔朱荣绝对是一个军事天才,二十来岁就成为军界的新星,三十岁出头就成为整个国家中最具威望的将领。尔朱荣接到中央的命令后,首先对葛荣的情况进行了详细地分析。葛荣虽然号称百万,但是节制不一,而且流氓思想太过浓重,军队没有经过正规地训练。主导思想无非就是抢钱、抢粮、抢女人。只要麻痹了葛荣,那么就有可能获胜。

葛荣当了皇帝之后,以百万大军攻重镇邺城。朝廷虽然在名义上派出了几路大军,但是众人心里都清楚,只有尔朱荣一军才是主力。尔朱荣总共兵力十万人,留下三万守城,七万出击。

在进攻邺城的时候,他再一次削减兵力,只派遣七千前锋去进

攻。这让葛荣大为不解，但他并没有在意，反倒是更加轻敌，认为尔朱荣不过徒有虚名而已。

葛荣的几十万大军横在邺城外，尔朱荣的七千前锋急攻没有阵法的葛荣军。待葛荣军出现骚乱时，尔朱荣再率大军出击，一举击溃葛荣军。葛荣被杀，其部下多被尔朱荣收容。后来赫赫有名的宇文泰和高欢，都在这时投靠在尔朱荣门下。

尔朱荣一举击溃葛荣几十万大军，举国震惊，尔朱荣被老少爷们奉为偶像。当然，这一切都是孝庄帝元子攸所不愿看到的。尔朱荣的声望更加大，那他的危险也就更大，说不定尔朱荣会取自己而代之。

他杀尔朱荣的心更加坚定，尔朱荣不除，他就没有好日子过。

孝庄帝已经动了杀心，并且开始谋划实行了。而尔朱荣还在魏国境内南征北战，扫除各地的起义军和叛乱分子。他还真把自己当成了魏国的主人了，他不在乎谁是皇帝，他只在乎谁是发号施令的人。

尔朱荣，这个血腥而又勇猛男人的名字，让所有的反政府武装人员听了都害怕。孝庄帝听了也害怕，往往他和皇后两口子吵架，皇后总要把他老爹搬出来吓他，这让他很郁闷。

杀尔朱荣，他做梦都这么想。他在群臣中物色反尔朱荣的官员，工夫不负有心人，他找到了。

孝庄帝从未恨一个人恨到这种地步，已经到了势不两立的程度。他知道，一旦刺杀失败，他可能会被尔朱荣杀掉。但是，有什么关系呢？不自由，宁愿死！这是孝庄帝元子攸内心的独白。

不管他的刺杀计划做得多么神秘，还是逃脱不了尔朱荣眼线

的监视，他忘了他的生活中没有秘密。很快，皇帝要刺杀尔朱荣的消息就从京城传到了晋阳。但是，尔朱荣并不相信，他不相信23岁的懦弱皇帝有这个胆子。天下是他尔朱荣打出来的，没有他，皇帝就什么都不是。

尔朱荣不相信，可是他身边所有的人都相信，包括他的弟弟尔朱世雄和儿子尔朱天光。他们想方设法让尔朱荣相信这一传说，但自信满满的尔朱荣不相信任何人，他只相信自己。

尔朱荣不相信最好，孝庄帝下旨招尔朱荣进京，名为册封他的战功。尔朱荣不顾身边所有人的反对，带着侍卫和小儿子尔朱菩提进京。

元子攸如愿以偿，计谋得到初步实现，只要进一步将尔朱荣骗到宫中来，他就可以挽回一个男人所有的尊严。

2. 精心谋划、脚上藏刀——痛快诛奸、死于抗争

尔朱荣进京之后，还是一副很嚣张的样子，他总觉得比皇帝要高一等，并不是因为他是皇帝的岳父，而是因为他手握魏朝军权。

刺客孝庄帝反客为主，主动问尔朱荣："外面有传言，说是爱卿要杀我？"他的这一招堪称绝妙，免除了他贼喊捉贼的嫌疑，将主动权完全都掌控在自己的手中。

这一句话问得尔朱荣无言以对，他虽然是一个专权跋扈的人，可是他并不想杀皇帝，毕竟这个皇帝很听话，而且是自己的女婿，他没有必要好好地换一个皇帝。况且，天下并不稳，换一个皇帝的

代价太大。因此，为了释去皇帝的疑心，他主动裁减了身边的护卫，之后每次上朝只带十几个贴身侍卫，他上殿的时候也不佩戴兵器了，算是给皇帝面子。

皇帝的确有了面子，可是现在他的身份并不是傀儡皇帝，他是一个刺客，一个为了自由而战的刺客，尔朱荣必须死。

这一天，他和亲信在大殿里安排了上百名杀手。然后派内侍去尔朱荣府第报告，说是皇后生了太子。另外，他又通告全国，皇后生了太子，让百官都知晓。

很快，满朝大小官员都跑去尔朱荣府第祝贺，毕竟生出来的太子是他的外孙。尔朱荣丝毫没有怀疑这是一个阴谋，他的女儿的确怀孕了，而且产期就在最近，想不到提前生了。于是，他打扮一番，进宫。

进入到皇宫，就算进入到了孝庄帝的埋伏圈。孝庄帝不等尔朱荣去后宫见皇后，就派内侍将他招了过来，说有急事相商。到这时，尔朱荣都没有怀疑这是一个阴谋。

尔朱荣跟着内侍来大殿见皇帝，他的身子刚刚迈入大殿，殿门就"轰"的一声关上了。尔朱荣这才意识不对，就在这时，大殿两边无数的杀手向他杀过来。他临危不乱，毕竟他久经沙场。一个跨步，向皇位之上的孝庄帝奔过去。在此危急关头，擒贼先擒王，只有扣住皇帝才能保证活着出去。

他跑得非常快，但是，孝庄帝早有准备，他的脚上早已经绑上了利刃。尔朱荣才刚刚奔过来，他的腿就踢了出去，利刃正中尔朱荣的小腹。这一脚，孝庄帝用尽了全力，势必致尔朱荣于死地。

尔朱荣没有了还手之力，倒地气绝。后面跟上来的侍卫，又给

了尔朱荣几刀，确保他真的死了。

这一次，他终于赢回了他失去的尊严，一个真正的男人，怎么能甘心沦为别人的傀儡与玩偶呢？元子攸不甘心，他以实际的行动告诉天下所有的人，他是一个纯爷们。

殿外，尔朱荣的小儿子尔朱菩提和十几名侍卫，全都被围歼。

孝庄帝是一名成功的刺客，他策划得相当精细，甚至料到尔朱荣会在情急之下奔向他。虽然在刺客中，他的武功并不高，但是他的计谋绝对是上乘的。

杀了尔朱荣之后，他又派兵去诛杀尔朱荣一家。但是尔朱荣一家都是练家子，在尔朱荣老婆的指挥下，一家人顺利地逃出了京城。

孝庄帝结束了刺客的身份后，日子并不是很好过。尔朱荣的弟弟和儿子、侄子们在全国各地宣布独立，各股势力全都对准中央。尔朱荣掌握军权几年，手下不仅有精兵强将，其家族的子弟也个个都是军中将领，尔朱荣的被杀，直接导致这些人的反叛。

孝庄帝虽然调集拥护中央的军队进行平叛，但是这些人都不是尔朱荣家族的对手，相继失败。最终，尔朱荣的侄子尔朱兆和攻陷京城，孝庄帝欲逃，怎奈无人掩护，被尔朱兆和抓住。虽然途中高欢和宇文泰别有用心的营救过孝庄帝，但是都以失败告终。

孝庄帝被尔朱兆和押往晋阳，以祭尔朱荣在天之灵，进而被勒死，死时 24 岁。

拾壹：园净——和尚刺客

刺客园净，是一位老和尚。其实，将他划归为僧人行列并不准确，他只是名义上的和尚，实际上并不是。他真正地身份是藩镇李师道的门客，随时为李师道杀人放火的人。

园净，出家之前的姓名不可考，只知道他曾经参与过安史之乱，是叛军中的一名小士兵。安史之乱被镇压后，他的活路被截断了，他只能一个人出来浪迹天涯。

▶前　　言

刺客园净，是一位老和尚。其实，将他划归为僧人行列并不准确，他只是名义上的和尚，实际上并不是。他真正地身份是藩镇李师道的门客，随时为李师道杀人放火的人。

园净，出家之前的姓名不可考，只知道他曾经参与过安史之乱，是叛军中的一名小士兵。安史之乱被镇压后，他的活路被截断了，他只能一个人出来浪迹天涯。

因为他身手不凡，偶尔干点儿打家劫舍的活儿还能养活自己，加上那时候的安保和治安都不是很到位，又没有全国统一的刑侦系统。他可以在全国到处犯罪，然后跑到各个藩镇管辖的地方去，藩镇都是半独立的，很少属中央，在捉拿犯罪分子这件事上自然也不会和中央政府太合作。所以，园净犯了几十年的罪，都没有被抓住。

后来，机缘巧合下，他结识了李师道，这个祖上几代都是军阀的人。李师道很欣赏园静的本领，虽然他已经快八十的人了，但身手还是很矫健，没有几十号人根本就拿不下这个老头。

混了一辈子的园净终于被伯乐发现了，他遇到了知己。从那以后，他就开始为李师道办事，正式成为李师道的人。

▶Part 1

杀人无声、杀人无形
——通天缉捕、逍遥刺客

长安的警察们全都将手头上的案子放下，全力追踪这起案子。关于凶手是一个怎样的人，是怎样策划的，怎样行刺的，他们一无所知。只知道宰相的脑袋不见了，凶手消失了。

这成了大唐的一桩谜案，如果不是几年后李师道伏法，这个案子说不定永无水落石出之日。那个像神一样的刺客，便不会为天下人知晓。

1. 凌晨长安、宰相毙命——逍遥刺客、来去无踪

唐宪宗元和十年（815 年）六月初三，天刚蒙蒙亮，宰相武元衡

就踏上了上朝的路程。他的身边只带有一个牵马举灯的家丁,他坐在马上思考着,应该怎样收藩镇之权。刚走出靖安坊东门,就在这时,一支箭飞射过来,来不及反应的武元衡被射中,滚落下马。一名黑衣刺客跃过来,取了武元衡的首级,消失不见。

整件事就发生在眨眼间,堂堂一朝宰相竟然在上班途中被刺客杀死,这立刻成为全国人民的焦点。严惩凶手,这是唐宪宗下的第一道命令。

京师人心惶惶,国家的第二把手就这样在长安的街道上被一个蒙面的刺客杀死,大唐的治安就真的这么差吗?长安难道成了刺客的窝了?唐宪宗不禁这样问自己。他相信这件事绝对没这么简单,满朝上下都知道,武元衡是一个鹰派人物,主张削弱藩镇势力,就在这节骨眼上被刺杀,这绝对与藩镇有关。

唐宪宗是一个想有作为的皇帝,实际上他也干出了一点儿成绩,虽然这些成绩都是在武元衡的指导下获得的。武元衡的死并没有让唐宪宗灰心,但是刺客竟然能杀宰相于长安街道,然后消失得无影无踪,那么绝不可能留下任何蛛丝马迹,以待官府去追踪。

长安的警察们全都将手头上的案子放下,全力追踪这起案子。关于凶手是一个怎样的人,是怎样策划的,怎样行刺的,他们一无所知。只知道宰相的脑袋不见了,凶手消失了。

这成了大唐的一桩谜案,如果不是几年后李师道伏法,这个案子说不定永无水落石出之日。那个像神一样的刺客,便不会为天下人知晓。

▶Part 2

杀人夺命、一粒棋子
——一招走错、不供主谋

虽然园净算不上什么好人，但是他始终怀着“士为知己者死”的信念，为主子赴汤蹈火，在所不辞。最后，在执行任务的时候被抓，无论官府怎么逼供，他始终缄口不言，都八十的人了，还干着年轻人的血性活儿，这才是纯爷们的典范。

1. 藩镇割据、结党谋反——奉命取命、只为报恩

唐朝中期开始，藩镇割据的局面越来越严重，各藩镇首领握有辖区内的一切权力，他们往往不希望中央插手藩镇内部事务。如果真的按藩镇的意愿发展，那么唐朝政府将失去北边的大部分土

地，这对政府来说是极为不利的。

李师道和其他的藩镇一样，在很多事情上都与藩镇对着干。在内部，他们极尽搜刮之本能，粮草、钱帛堆积如山。为了避免怨声载道，他在嵩山修了一座佛光寺，将自己的宝物全都藏在里面，而园净剃发修行，成为佛光寺的主持，实际上也就是替李师道管理好物品。不管李师道是所谓的好人还是坏人，从园净的角度出发，他一心想着为主子办事，即使是杀人越货的有违天理之事。他恪守着“士为知己者死”的信条，虽然他在这条信念下，向邪恶的路上走得很远。但至少他的这份忠诚之心，值得每一个男人学习。

元和九年时，淮西节度使吴元济的老爸去世了，他隐而不报。因为当今的宪宗皇帝和宰相武元衡都在找各种借口收藩镇的权力。之前也颁布了藩镇改革条例，以后藩镇的权力不再是世袭的了，这一代的节度使死后，子孙除非获得朝廷的赐封，不然不能继续掌管藩镇之权。

吴元济为了防范朝廷夺淮西之权，因此不把老爸去世的消息上报中央。但是纸包不住火，这种事不可能长久隐瞒。很快，中央就得到了淮西节度使去世的消息。宰相武元衡向吴元济多次声明，赶快交出淮西兵权，不然中央可真要动真格了。

不过吴元济并不以为意，藩镇世袭之权是几十年来的老传统，不可能说改就改，即使是改，凭什么从他吴元济开始。淮西兵强马壮，没有必要惧怕中央。况且中央政府的这一政策并得不到各节度使的支持，即使动武，中央政府也占不到什么优势，说不定节度使们还会联合起来，反抗中央。

宰相武元衡下定决心在自己的手中改变藩镇割据的局面，吴

元济强硬，他更加强硬，最终促使吴元济举起反叛的大旗。

淮西地区相当富有，实际上朝中很多官员都站在藩镇的这一边，当然，主要是因为他们受了藩镇们不少好处，不为他们说话不行。因此，吴元济叛变之后，朝中很多官员都主张安抚，暂缓藩镇条例的实行。冰冻三尺非一日之寒，削藩之事不能太急。

虽然在名义上只有吴元济一个藩镇反叛，但实际上河北诸节度使都在暗地里支持他的行动。这些人是天底下最精明的人，不到万不得已，他们不会站在台面上和中央死磕。既然吴元济站出来了，他们不妨出点钱，在后台看戏。

最终，热血青年受了宰相武元衡的激励，决定对吴元济用兵，绝不姑息。正是在这样的情况下，李师道在背地里开始活跃了。

他先是派人烧了中央军驻地方的粮草，然后派人前去京城刺杀宰相武元衡。对于刺客的人选，李师道考虑了很久，最终还是选择由园净出马。

园净虽然是一个老和尚，但是他的武功可以傲视群雄，他有一技之长，这也是李师道用他的真正原因。

年近八十的园净并没有推辞，士为知己者死，虽然他并不是什么英雄，也算不上枭雄，连好人都不是，但是他可以为知己而死。混了一辈子，也就李师道真正能看得起他，给他吃，给他住，给他黄金、美女无数。

现在到他报恩的时候了，他接到任务之后，就连夜启程，马不停蹄地赶往长安。长安毕竟是国际性的大都市，什么人都有，他一个老和尚孤身来长安并没有引起什么注意。

2. 千里潜伏、找准时机——落入圈套、宁死不屈

他随便在京城选了一个客栈，然后就去武元衡的府第周围观察，他精心地策划着刺杀行动。经过十数天的观察，他了解到了武元衡的生活习性，什么时候出门，什么时候走到什么地方，最后是什么时候到宫殿门口。他必须了解这一切，这是一个好刺客最基本的功课，知己知彼百战百胜。

清楚武元衡上朝的路线之后，他还要确保武元衡身边的侍卫不多，这样才能保证行刺之后，顺利逃脱。

而武元衡是一个才子书生，有时候喜欢感情用事，长安城整天都在盛传，藩镇已经派出杀手前来杀他了，他为了表示自己的不屑，反倒不要侍卫相陪了，只要一个家丁陪自己上朝。

这是难得的好机会，园净不会让机会从眼前溜走。六月初三这天，他早早地就埋伏在武元衡上朝的途中，只等武元衡一出现他就下手，然后取其首级而去。

武元衡是当朝宰相，事务繁忙，往往天还没亮就起来了。一大早，街道上的行人不多，举目四望看不到几个。长安城的武警们都还在睡觉，武元衡就踏上了上朝的路。

武元衡刚走出靖安坊东门，园净就一箭射了过去，正中武元衡的心脏位置上，他应声落马。家丁见此一幕，哭喊着去求救，园净蒙面，从屋顶上跃下，出刀，砍下武元衡的首级，飞驰而去。整套动作，一气呵成，就像是早已排练好了。

在皇帝还没下达搜捕令时，他就已经逃出了长安城，顺利地完成了刺杀任务。而武元衡案一直都没查出真凶，成了一件悬案。他也就成了历史上最隐秘的一位刺客。

不过，园净返回李师道的身边之后，继续执行着李师道给的任务，无非就是破坏中央军队进攻淮西的行动。一次行动中，园净和同伙们被官军围住，屡次突围不能出，最终被活抓，杀头示众。

至死，他都没有透露幕后主使者——李师道。

虽然园净算不上什么好人，但是他始终怀着“士为知己者死”的信念，为主子赴汤蹈火，在所不辞。最后，在执行任务的时候被抓，无论官府怎么逼供，他始终缄口不言，都八十的人了，还干着年轻人的血性活儿，这才是纯爷们的典范。

拾贰:李训、郑注
——刺客团伙

李训,陕西人,祖父皆为唐朝宰相。其身材魁梧、神情洒脱,才思敏捷,尤其善揣人意。郑注,山西人,善辞辩,精医术,后与李训相交。时人称其“敏悟过人,博通典艺,棋奕医卜,尤臻于妙,人见之者,无不欢然。”然而,这两个精通辞辩的人,是怎样在宦官权势熏天之时,转身为刺客,设计刺杀的呢?

▶前　言

中晚唐政局的一个大特点，便是宦官干政，而宦官不过是皇帝的家臣，“比于人臣之家，则奴隶之流”，他们是怎样掌握朝政大权的呢？

自玄宗朝以来，宦官逐渐受到重用，世传之高力士便是典型。据《旧唐书》载：“每四方进奏文章，必先呈力士，然后进御，小事便决之。”故而在玄宗一朝，宦官势力得到极大发展。

“安史之乱”是唐王朝由盛转衰的分水岭，也是宦官地位出现变化的分水岭。唐肃宗便是在宦官李辅国的拥护下继承的皇位，肃宗即位后，猜忌领兵武将，故而作为内侍的宦官们经常被以监军的身份派出去，监视前线领兵大将。

代宗即位后，李辅国的权力愈盛，甚至被代宗称为“尚父”，可见其权力之盛。李辅国正好利用这一权力，大肆发展自身势力，他甚至对代宗说：“大家（指皇帝）但居禁中（皇宫），外事自有老奴处分。”

其后，代宗重用宦官程元振铲除李辅国，但是只不过是把权宦换了一个人而已，程元振的嚣张气焰甚至超过了李辅国。之后，又相继出现了王守澄、鱼朝恩等权宦。

宦官的权力日益增长，完全将分庭抗礼的外廷宰相不放在眼里，进而掌握左右神策军，控制皇宫禁卫。皇帝的废立、生杀大权完全掌握在宦官手中。

皇帝当然不希望成为宦官的傀儡，于是，中晚唐的皇帝便与宦官之间，展开了猫捉老鼠的游戏。皇帝利用外面朝官的势力压制宦官，宦官利用手中的权力打压朝臣。

“甘露之变”就这样发生了。

李训，陕西人，祖父皆为唐朝宰相。其身材魁梧、神情洒脱，才思敏捷，尤其善揣人意。进士高第后，进入仕途。其父因事被免相，后寻求复相，李训得以携金进京师，与郑注相交。与郑注一起发动“甘露之变”，死于同年（公元 835 年）。

郑注，山西人，善词辩，精医术，后与李训相交。时人称其“敏悟过人，博通典艺，棋奕医卜，尤臻于妙，人见之者，无不欢然。”

然而，这两个精通辞辩的人，是怎样在宦官权势熏天之时，转身为刺客，设计刺杀的呢？

▶Part 1

宦官当道、好官难当
——为国为民、除宦后快

这是历史上少有的，身居显位的刺客团伙，这个团伙的主谋共有七个人，其中有几个人因为有事没能前来，所以就只有他们三个人策划刺杀之事了。虽然整个刺杀安排在谈笑间搞定，其实要作出这个决定是相当困难的。事情成功，他们可以功勋盖世，但如若失败，身败名裂不说，还有可能闹得满门抄斩。为了这一计谋，他们将身家性命全都赌上了。男子汉大丈夫，就应当有股赌劲。

1. 秘密会议、行刺宦官——身家赌上、只为除宦

夜深人静，烛光掩映，举杯成影。一股涮羊肉味扑鼻而来，烛

光下，三个大老爷们在吃涮羊肉。他们分别是李训、郑注和韩约，三个人边吃边喝，满头大汗，看着就让人流口水。

“这羊肉真不错！”李训指着涮羊肉说。

“这酒也够劲！”韩约说。

“好，吃也吃了，喝也喝了，我们现在该抽出点时间谈正事了。”郑注说。

“对，对，谈正事！”李训附和。

“左金吾卫保证配合，在王守澄下葬那天，我准备将左金吾卫的士兵全都扮成行人，出其不意将他们都杀死。”

“好，那我们就在王守澄下葬那天动手，郑大人你赶快前往凤翔调兵。”

“就这么说定了，诛杀宦官，救我大唐，在此一举。”郑注慷慨激昂地说。

这是历史上少有的，身居显位的刺客团伙，这个团伙的主谋共有七个人，其中有几个人因为有事没能前来，所以就只有他们三个人策划刺杀之事了。

虽然整个刺杀安排在谈笑间搞定，其实要作出这个决定是相当困难的。事情成功，他们可以功勋盖世，但如若失败，身败名裂不说，还有可能闹得满门抄斩。为了这一计谋，他们将身家性命全都赌上了。男子汉大丈夫，就应当有股赌劲。

2. 横行宫廷、废立皇帝——君臣痛恨、奋起反击

唐朝自肃宗开始，宦官就开始干政了，而且权力越来越大，皇

帝经常被宦官架空。宦官是皇帝家的家丁，因为和皇帝的密切关系，所以往往得到皇帝的信任。唐肃宗开始，就经常派遣宦官出外监军，在内也重用宦官掌权，渐渐地也就成了唐王朝的顽疾。

唐朝的很多皇帝都是被宦官给杀死，所以，有作为的皇帝都希望能够铲除宦官。当朝的皇帝文宗就是。

唐文宗是在宦官王守澄的拥立下即位的，王守澄享有册立之功，掌握朝政大权。文宗皇帝并没有多少实权，不过他比起那些被宦官杀死的皇帝要好得多，他至少还有一定的自由。

诛杀宦官，文宗的第一个对象就是王守澄。正是文宗第一次谋杀王守澄之时，让他记住了一个人的名字，他叫郑注。

郑注，他出名之前不过是一个医生，因为家里没钱，连开诊所的钱都没有，所以只能行走江湖，靠行医为生。毕竟他有一技之长，在盛世大唐还不至于饿死。在多年的行走江湖的过程中，他学会了一个本领，侃！

他是一个医生，而不是一个卖保险的，但他学会了与人沟通。与人沟通或许还不够准确，但他能将一个问题说得天花乱坠，而且引经据典，相当有逻辑，让人不得不佩服。正因为他练就了这一本领，所以让他以后的仕途平坦了许多。

当医生就算当得再好，最多成为一个四五品的太医，一辈子就这点出息了。而且太医在公务员行业中，最是冷门。因为他们专门负责给皇帝及其家人看病，没有多少油水可以捞。即使主子们大方，赏赐一点儿，还得磕破脑袋的感谢。不像其他部门，油水放肆捞，只要不被皇帝发现就行。天下乌鸦一般黑，古人说得不是没有道理。

郑注后来一直都庆幸自己没进太医院，在游历的过程中，他结识了襄阳节度使李愬，一来是因为郑注真的有本领，行医治病有那么一套；二来他很能侃，让李愬听后，当即表示他是一个天才。

因此，郑注很长一段时间内都在李愬手下干活。后来王守澄来李愬军中监军，李愬将郑注引荐给了王守澄。听了郑注一通胡编之后，王守澄也觉得郑注是一个难得的人才，就将郑注带回了京城。

郑注一下子就成为王守澄的得意门生，而王守澄的权力在拥立文宗登基后到达顶峰，郑注自然也沾了点光。

在刚开始，他是坚定地站在王守澄这边的，文宗在即位后四年就准备刺杀王守澄，消息被郑注知晓，告知王守澄。王守澄当场发飙，逼迫那些与文宗相通的官员全都辞职回家。

三年后(834 年)郑注第一次与皇帝接触，原因是文宗皇帝得了重病，请了很多太医都治不好。经王守澄引荐，郑注去皇宫给皇帝看病。郑注还真是一个神医，开了几服药，皇帝吃完就好了。因此皇帝大感欣慰，大肆赏赐郑注，在这过程中，与郑注聊天也聊得比较多，两个人声气相通，就走到一块儿去了。郑注暗地里成为了皇帝的人。

但他名义上还是王守澄的门客，因为只有继续穿上这层伪装的衣服，他才好办事。文宗皇帝的第一敌人是王守澄，而王守澄是郑注的第一恩人。不过，郑注并不是严格意义上的刺客，他没有什么士为知己者死的观念，他讲求的个人价值与社会价值相结合，达到最高值。

皇帝许诺，事成之后，给他大大的赏赐，并且给他免死金牌之类的，贪污腐败绝不追究。彼此利用，互取所得，这也是人之本性，

情有可原。

后来他就结识了李训，李训是一个官二代，他父亲曾经是国家的二把手，后来因为他父亲与同僚政见不合，李训硬是拉帮结派，准备干掉父亲的政敌。事情泄露，李训被贬了出去，直到文宗即位，大赦天下，他才从小地方调回中央。

李训是一个很有骨气的官二代，他不愿放下尊严与宦官为伍。但是，他在中央又没什么后台，这样，他只能厚着脸皮去找郑注。因为，别的官员都不待见他。

两人一见倾心，都为彼此的才能叹服，双方都是极佳的辩论手，死的能说活，活的能说死。因此，李训也就跟着郑注混了。后来郑注又将李训引荐给了文宗皇帝。三个人就经常在一起谈论怎么铲除宦官的事儿。

不过，他们二人在外人看来都是王守澄的得意门生，平常也没少作威作福、贪污公款、收受贿赂，总之什么都干过。家里的钱虽说没有堆积如山、富可敌国那么夸张，至少也可以让子孙很嚣张地做富二代。

为了麻痹王守澄，文宗皇帝、郑注、李训三个人每天都在朝堂上合着演戏，而王守澄浑然不觉。也难怪，因为他们三人基本上将与王守澄不合的宦官，大多数都贬出去了。然后又将王守澄拼命地升官、升官。

王守澄的官虽然升了，可是权力却没了，他们来了招明升暗降。王守澄还自大地以为，军队依然掌握在自己的手中。文宗皇帝为了牵制王守澄，任命宦官仇士良为左神策中尉。这一项任命让仇士良跃上了历史的舞台，丑媳妇终于熬成了婆，他被王守澄打

压了几十年，终于在老年出了一把风头，他因此掌握了神策军，也最终成为郑注、李训等人的掘墓人。

文宗、李训、郑注、王守澄、仇士良，这些人都觉得爽歪歪，每个人都心怀鬼胎，但每个人都觉得新政策对自己有利。所以，朝堂之上并没有什么反对之声。

王守澄身边的亲信宦官被一个个铲除，与他关系密切的官员也都相继被贬。直到这时他才意识到中计了。可惜，已经晚了。

最终，一代宦官枭雄王守澄被郑注等人杀死。

王守澄被杀之后，郑注和李训的卧底身份才被公布出来。铲除王守澄之后，李训和郑注二人在争功方面出现了裂缝，二人都有比较重的私心，不能完全做到大公无私。不过，很快他们就意识到，宦官还没完全铲除，危险还在，现在还不是内斗的时候。

李训与郑注再次联合，组建了一个刺客团体，策划一场更大的刺杀。

他们开始纠集同伙，确认刺杀团队的身份。以大理卿郭行馀为邠宁节度使，户部尚书、判度支王璠为河东节度使，以京兆少尹罗立言权知府事，太府卿韩约为左金吾卫大将军。

在他们的设计中，每一个人都能直接出兵，因为基本上每一个人都能或多或少地调动点兵马。

王守澄死后，李训和郑注二人，加上文宗皇帝，开始商议，是不是借王守澄下葬的机会将宦官全都铲除。于是，文宗皇帝下令，大葬王守澄，他是国家的功臣，虽然在某些事情上做得违背国家利益，但是他还是有功的。应该风风光光地大葬，所有有名分的宦官都要参加王守澄的葬礼。

▶Part 2

甘露祥瑞、血溅宫廷
——引宦入宫、关门打狗

将宫中的这些刺客都杀干净了，仇士良的魔爪伸向了长安城。居住在京城的大小官员，只要稍微与李训、罗立言等人有关联的，都逮捕。京城乱了，到处都在杀人，到处都在放火。

乱世出贱民，一些不法分子正好趁着这股子乱，开始为非作歹。很多官员的府第都被这些人给抢了，人人自危。

1. 甘露祥瑞、周密部署——引刀成快、生死一搏

葬礼计划在11月27日举行，这也是李训、郑注、韩约三人吃火

锅时商量好的日子。在葬礼上,由刚刚升任凤翔节度使的郑注调兵,韩约派左金吾卫军配合,一举歼灭宦官。

但是,李训是一个急性子,他从小到大都不喜欢等,他没什么耐心,决定了的事他就希望马上去干,夜长梦多。所以,他擅自改变了计划。而这一改变,郑注并不知情,他已经动身前往凤翔了。

他决定将计划提前,由27日改为21日,当然他也是有私心的。现在他和郑注在皇帝的眼中不分高低,功劳是一样大的,把郑注排挤开,他说不定能独享此功。

这一变动的计划当然告诉了其他同伙,毕竟这是一项危险的刺杀,没有同伙就搞不成的。他决定,由京兆少尹罗立言和左金吾卫将军韩约同时派兵,一方面拦截左神策军,一方面围歼宦官。

刺客们都准备就绪了,刺杀行动也开始了……

11月21日这天上早朝。所有的重量级人物悉数到场。刺客团队除了郑注缺席之外,其他的刺客都在。而刺客想要暗杀的对象仇士良等宦官都在皇帝的身边,刺杀的条件已经有了。

文宗也接到了李训的秘密上奏,知道计划改到了今天,所以他其实也是一个刺客。

紫宸殿中,文宗极力表现得很淡定,他内心既惊又喜,也恐惧。他不知道今天的刺杀计划能否成功,成功了怎么办?失败了又该如何?

大臣们上奏的事,他都没仔细听,只是偶尔点头或摇头。什么国计民生的大事,现在都靠边在,他只关心刺杀的事。

就在这时,左金吾卫将军韩约一脸欣喜地跑来。

"启奏皇上,金吾左仗院内石榴树昨夜忽降甘露,此为大祥

之兆。”

“真有此事?”文宗表现出惊讶之色。

“千真万确,陛下可派大臣随臣去观看。”韩约继续说。

“好,那就派宰相与你前去。”文宗命令李训等宰相随韩约前去,他当然不会首先让仇士良前去,这样容易导致计划败露。

李训等宰相很快就回来了,表示有点像甘露,但又不是很确定,希望皇帝再派人过去。

这一次,文宗就顺理成章的派宦官仇士良等过去了。

仇士良也没怎么怀疑,毕竟对方的演技太好了,他一点儿破绽都没看出来。况且,他掌握着左神策军,宫中的守卫都是他的人,他不相信有谁胆敢在宫中放肆。

但他错了,刺客什么都不怕的。

时已入冬,长安的天气比较冷。因此当仇士良等带着几十名太监护卫来到金吾左仗院的时候,就发觉了不对。韩约神色慌张,额上有汗珠冒下。如此寒冷的冬天,此种情况绝对不正常。

仇士良留了个心眼,眼观六路耳听八方,他不放过任何一个可疑的地方,这关系到他的生与死。

一个在宫中混了几十年的老太监,警惕心是非常强的,绝不是李训这种急性子能比拟的。而刺客韩约竟然表现得如此害怕,根本就不算是一个合格的刺客。李训和其他的人虽然都很淡定,但是已经无法挽回局面了。

一阵寒风吹来,将金吾左仗院内的帷幕轻轻掀开,仇士良看见了无数执兵器的士兵。他这才恍然大悟,这是一个阴谋。

说时迟那时快,他拔腿就往外跑,身边的太监也都跟着跑。左

金吾卫的士兵们想要关上大门，已然来不及。仇士良等人逃脱了包围圈，返回到紫宸殿。

紫宸殿的皇帝还等着李训那边传来刺杀成功的好消息呢，谁知却见仇士良怒气冲冲地跑回来，大喊："李训谋反了，李训谋反了……"

"不可能，不可能！"文宗皇帝还想继续演戏，但很快就被仇士良一把掐住。姜还是老的辣，仇士良心里清楚，左金吾卫的士兵很快就会追过来，擒贼先擒王，只有抓住了皇帝，他们才能生存。

李训和韩约很快就带着左金吾卫的士兵追杀过来，好的刺客在任务没有完成的时候，绝不会选择轻易放弃。

"保护皇上！"李训刚带兵进紫宸殿就大呼，并且许下赏赐的诺言。

宦官和左金吾卫的士兵斗在了一起，仇士良赶紧扣着皇帝抄小路往神策军方向逃。李训飞奔而上，死死地拉住皇帝不肯松手。这时，罗立言带着三百首都特警从东边杀过来，御史中丞李孝本带着御史台的两百来人从西边杀过来。

但出人意料的是，加起来李训这边的人都上千了，竟然没有拦住仇士良，这到底是怎么回事？或许诸位刺客首领都没想到，仇士良会从包围圈中逃脱，所以一时乱了方寸，在围歼宦官之时，失去了部署。紫宸殿范围本来就小，而士兵们并没有守住所有的出口。加上士兵们目标不明确，导致最终的失败。

自始至终都没有人过来帮李训拦住仇士良，最终仇士良和几个亲信宦官带着皇帝从小路跑到了神策军中。

2. 血溅宫廷、祥瑞是假——图谋再生、慷慨赴死

李训见势不对，赶忙脱了朝服，往外跑。与其坐下来等死，不如尽快离开，以图东山再起。

李训算是安全地逃出了长安，可苦了其他的刺客。仇士良调集神策军对参与刺杀的所有大臣开刀。血洗中书、门下两省，高官基本上被仇士良屠杀干净了。

小样！别以为太监就好欺负！仇士良愤愤不平，看着一个个倒在血泊下的敌人，他狂笑。

将宫中的这些刺客都杀干净了，仇士良的魔爪伸向了长安城。居住在京城的大小官员，只要稍微与李训、罗立言等人有关联的，都逮捕。京城乱了，到处都在杀人，到处都在放火。

乱世出贱民，一些不法分子正好趁着这股子乱，开始为非作歹。很多官员的府第都被这些人给抢了，人人自危。

仇士良的神策军没有任何手软，没有直接参与刺杀行动的宰相王涯、舒元舆也被仇士良腰斩了，并且牵连家小，两家人被杀得一个不剩。刺客王璠、郭行余、罗立言、李孝本、韩约都被仇士良杀掉，当然，也包括家小。

短短几日间，仇士良杀了两千多人，京城血流成河。

而此时，刺客头子郑注还浑然不觉，他正带兵进京，准备刺杀行动。快到京城的时候，才听说京城的变动，他急忙带兵返回凤翔。他不跑也不请罪，而是很淡定地待在家里，整天喝喝茶、看看

报，似乎在等待着什么。

刺杀失败，死了这么多人，他郑注不死，不足以立青史，他想。

刺客刺杀不成功，就应该杀身成仁。

很快，仇士良诛灭郑注的命令传到了凤翔。那时候，太监就像是连锁公司一样，每一个驻军的地方都有太监，名为监军。凤翔也有，是一个名叫张仲清的太监。

张仲清接到主子的命令后，当即命人去请郑注过来。郑注淡淡地笑了笑，杀身成仁的时候到了。他欣然前往，也没有带多少侍卫。

那一刻，他只想着殉道而死，他一点儿求生的欲望都没有。在这个世界上，有些事情必须要付出血的代价。虽然明知道，等着自己的会是一个圈套，去而不能复返。但他依然前往，无所畏惧，此为真男儿、真汉子！

如若大唐王朝真要有人为刺杀宦官付出代价，血的代价，那么就从他郑注开始。

在张仲清的大帐，他淡然品茶，那一幕定格，一柄刀横穿他的身体。他死之后，他的一家老小也全都被杀，一个不留。

而出逃的李训成了全国的通缉犯，他不敢走大路，也不敢现身公共场所。没有人愿意在如此关头收留他，天下人都怕仇士良。

无人收留，李训想到了同为刺客的郑注，他现在时凤翔节度使，手里有兵，还能抵挡一段时间。他没有想到，郑注早已被杀。

在去凤翔的途中，他被捉住，没有人会放走他，他是主犯，第一刺客，仇士良悬赏重金缉拿他的人头。

李训被抓之后，心知押回京师之后必死无疑。但仇士良一定

不会让他轻松死去,死前一定会折磨一番。若如此,还不如现在痛痛快快地死去。有时候,对于没有选择的人来说,痛快地死,也是一种享受与解脱。

幸好他有好口才,劝动了押解的官员。他被杀,脑袋由押解的官兵送往京城领赏。

至此,刺客团伙的所有成员都被杀,刺杀行动也以彻彻底底的失败而告终。

这一次刺杀引起的事变,也成为中晚唐历史上最著名的事件。参与刺杀的刺客们虽然各怀鬼胎,但是有一点基本相同,那就是为国除害。

拾叁:冯廷谔
——至死不渝的刺客

冯廷谔是朱友珪的心腹兼侍卫,整个过程他都相随。冯廷谔,出生年不详,早年胸怀大志,故发奋习武,立志在唐末乱世中闯出一番天地。后因其武功高绝,聪慧过人,为年轻的朱友珪所赏识,并调到身边,视其为亲信。

这一切对于冯廷谔来说,乃知遇之恩,万死不足以报。故冯廷谔终其一生,只效忠朱友珪一人,万死不辞。

▶前　言

唐末藩镇割据、宦官弄权，实权并未掌握在皇帝手中，黄巢大起义后，唐政府实际上已名存实亡。朱温趁势兴起，击溃各股强大的势力，在公元907年称皇帝，建立大梁，史称后梁。

朱温建立大梁后，封诸子为王。三子朱友珪（884—913），乃朱温行军过程中，与其母野合而生，年少时并不在朱温身边。加上朱温长年行军打战，与诸子感情并不深厚。朱温即位之后，他又被任命为左右控鹤都指挥使，将皇宫的禁卫全都交给了朱友珪。

朱温的张皇后去世后，他便行事没了检点，纵情声色，甚至乱伦。经常将三个儿子的妻子召来宫中，供自己享用。沉迷于声色犬马中的朱温，渐渐失去了斗志，不意三子朱友珪萌生异心，不惜弑父夺位。

朱温在病中将皇位传授给次子朱友文，朱友珪心有不甘，于是冒着生命危险，乔装去见左龙虎军统军韩勍，二人一拍即合，韩勍立即领兵五百，随朱友珪逼宫。

冯廷谔是朱友珪的心腹兼侍卫，整个过程他都相随。冯廷谔，出生年不详，早年胸怀大志，故发奋习武，立志在唐末乱世中闯出一番天地。后因其武功高绝，聪慧过人，为年轻的朱友珪所赏识，

并调到身边，视其为亲信。

这一切对于冯廷谔来说，乃知遇之恩，万死不足以报。故冯廷谔终其一生，只效忠朱友珪一人，万死不辞。

因此，公元 912 年朱友珪领兵逼宫之时，冯廷谔便护卫在朱友珪身边。其后，朱友珪称帝，遭到天下人唾骂，天下分崩离析，举国讨叛。但冯廷谔始终追随朱友珪，即使朱友珪已经众叛亲离，连侍卫都跑光了。

公元 913 年 3 月 27 日，叛军攻陷京师，冯廷谔护送朱友珪夫妇出逃。最终，朱友珪下令冯廷谔杀了他，以免落入叛军之手。冯廷谔应主之命，随即自杀。

“士为知己者死”，国士者，懂得报“知遇之恩”。而冯廷谔又是怎么在五代乱世之时，报“知己知恩”的呢？

▶Part 1

乱世贼臣、开国之君
——大梁朱温、横行无忌

他不能容忍，他的老婆更加不能容忍，这几年她忍着无尽的屈辱，将身体献给朱温那个死老头子，她就是希望有朝一日，朱友珪能当皇帝，她能做皇后。想不到，朱温到最后竟然舍弃自己的亲生儿子不选，硬要立一个外人为皇帝。于是她怂恿朱友珪搞叛变，一不做二不休，做掉老皇帝。

1. 乱伦朱温、子妻父妾——皇位传授、无关亲疏

金黄色的帷帐将偌大的龙床掩映，一个脸色苍白，形容枯槁的老人半死不活地躺在床上。他口中喃喃自语，带着血丝的嘴唇半

天没有吐出一句话。在床边,有三个俊俏的女人站立着,她们神色紧张,不知道的人还以为是这个老人的女人,但是不是,她们是老人的儿媳妇,只不过偶尔给老人当情人使。

这个老人叫做朱温,曾经被唐王朝政府赐名为朱全忠。就是这么一个被唐朝中央视为全忠的男人,最后灭亡了唐王朝,并且杀了所有大唐宦官,公卿百官也差不多杀得一干二净。

他的手挣扎着抬起,紧握住其中一个女人的手,那光滑的肌肤还让他回味。"赶快派人去东都请老二回来。"他握着的这个女人是儿子朱友文之妻。她和其他的两个女人一样,都是过来服侍公公的,当然不只是捶背按摩洗脚那么简单。

她是一个聪明的女人,她明白朱温说的意思,他准备让朱友文继承皇位。她赶忙出宫,准备派家丁将这件事告诉远在东都的老公。

朱温,一个从农村闯出来的孩子,可以算得上是书香世家出身,只不过很早就因为丧父,而不得不辍学。他生活的年代,正是唐王朝的后期,各种激烈地社会矛盾,最终演变为高仙芝叛乱与黄巢大起义。

朱温刚开始也在起义军中混,因为立下了赫赫战功,成了起义军中的高级将领,手下有不少人马。后来因为和黄巢闹了很大的矛盾,觉得在黄巢的领导下,起义军没什么发展前途,就转而投靠了唐政府。唐政府因此给他赐了个全忠的名号,并享受唐政府津贴。

在朱温和其他将领的协助下,唐政府军一举歼灭了黄巢起义。朱温因此功高震主,又萌生反意。

最终,朱温一不做二不休,杀掉了皇帝,将宦官们都沉入黄河,剿杀公卿百官,之后他进一步称帝,建立大梁。他的几个儿子都被

封了王，长子郴王朱友裕，已经死了；三子朱友珪，四子朱友贞。

在三个人当中，朱友文不是朱温的亲生子，他只是一个养子。那就是说，朱友珪才是皇位的最佳继承人。

但是，在这场皇位继承争夺战中充满着悬疑，朱温本身是一个充满谜团的人物，就算单单对他个人进行研究的话，都能写好几百万字。光他一生的经历就是历史上所少有的，他晚年的所作所为，更是改变了他前半生枭雄的形象，他也是研究人物心理及性格的一个极好的案例。

他前半生之所以在个人作风上没干什么荒唐的事，是因为他有一个贤惠的妻子。他的妻子叫张惠，和他是算是青梅竹马。张氏是一个大家闺秀，而朱温在成名之前是个穷小子。张氏不顾家人的反对，嫁给了朱温。

一个成功男人的背后都有一个贤惠的女人，张氏在临终之前告诫过朱温，说朱温本身英武超群，这是毫无疑问的。但是有一点，朱温必须牢记，他嗜杀，经常因为一点儿小事就滥杀部下，偶尔还贪恋酒色。因此，后半生必须“戒杀远色”。这四个字是张氏对朱温最后的嘱托，可是，朱温并未听从张氏的劝告，离开了张氏，他干出了荒唐的事。

之后的每一次战争，朱温都会抢几个女人给自己享用，这当然没什么。在那个战争的年代，这是很正常的事。但是后来，他渐渐贪恋儿媳妇们的美色了，经常让她们将角色由儿媳妇变为情人。他的儿子们也都豁达，为了和老爸套近乎，争取在皇位争夺战中占先机，很宽容地把老婆给老爸享用。这绝对是古往今来罕见的现象，见过荒唐的皇帝，没见过这么荒唐的一家人。

朱温这时候都已经六十了，前半生戎马征战，耗去了不少的经历。肯定也受过不少的伤，到了这个年纪了，才想起来要沉迷酒色，学人家包二奶，养情妇。人老了就更容易沉醉在温柔香里，由于每天都这么劳累，身体渐渐不支，最终完全躺在了病床上。

他的三个儿媳妇整天都守在他的旁边，就监视着老头子的举动，看他到底立谁为继承人。

因为老二朱友文的妻子更受宠，所以朱温打定主意立朱友文为帝。

这一天，朱温的寝宫中，三个女人无声地站立在旁边，她们的烈焰红唇再也无法让朱温英气勃发了。朱温不行了，他必须交代后事了。

已经有人去请老二朱友文了，可是老三朱友珪并不甘心。他是皇帝的亲生儿子，凭什么皇位要传给一个野种？他想不明白。如果真是这样，那自己这几年把老婆送给皇帝享用，岂不是亏本了。不行，他不能容忍这样的结果。

他不能容忍，他的老婆更加不能容忍，这几年她忍着无尽的屈辱，将身体献给朱温那个死老头子，她就是希望有朝一日，朱友珪能当皇帝，她能做皇后。想不到，朱温到最后竟然舍弃自己的亲生儿子不选，硬要立一个外人为皇帝。于是她怂恿朱友珪搞叛变，一不做二不休，做掉老皇帝。

朱友珪属下的幕僚们也都支持发动政变，做掉皇帝，取而代之。毕竟，皇宫守卫全都是朱友珪的人，只要他一声令下，皇宫唾手可得。就在这时一个刺客终于走上了历史的前台，他叫冯廷谔。

▶Part 2

忠心耿耿、至死不渝
——一心护主、以死表心

他，是一个神秘的刺客，他真实的工作是朱友珪的车夫，也是朱友珪的心腹。想想，领导人一般都找自己最信任的人来做车夫，因为如果不是心腹的话，领导人随时都处于危险之中。冯廷谔，他只属于朱友珪一个人，他也只认朱友珪为主子。

1. 除患助皇、留其尊严——忠心为主、不假二心

冯廷谔，其人生卒年不详，也没留下什么简历，在公元912年之前，历史对他都是没记载的。若不是发生朱友珪叛变这一件事，或许冯廷谔会被永远埋没。

他，是一个神秘的刺客，他真实的工作是朱友珪的车夫，也是朱友珪的心腹。想想，领导人一般都找自己最信任的人来做车夫，因为如果不是心腹的话，领导人随时都处于危险之中。冯廷谔，他只属于朱友珪一个人，他也只认朱友珪为主子。

虽然他的简历是一片空白，但不可否认的是，他是一个高手，武功非凡。在唐末五代乱世之中，找工作是比较困难的，除了当兵。但当兵虽然容易，出人头地却难。而冯廷谔却是朱友珪车夫和心腹，没有一点儿的本事，朱友珪是不会选他的。

刺杀的计划在912年6月完全敲定，朱友珪亲自出马，领500亲兵，皇宫之内的侍卫们也都相继响应。朱友珪冲进皇宫中的时候，所有的侍卫不是开门迎接，就是跑得没了踪影。

事实告诉领导者，什么权力都可以下放，唯独军权不能。

当朱友珪带着几百兵马闯进朱温寝宫之时，朱温才恍然大悟。本来，朱温这几天脸色已经好转，身子骨也恢复了些，如果再修养一段时间，说不定还能雄风一阵。

“大胆，你们这是干什么？”朱温虽然明知道是儿子叛变了，但是他还是问出了一句，希望可以拖延时间。

“我想干什么，父皇你还不知道吗？”朱友珪冷冷地说。

“逆贼，我早就开始怀疑你了，我现在后悔怎么没早点杀了你，难道你要弑父夺位吗？”

“如若父皇有意传位与我，或许我不用走这一步。但是，您宁愿将皇位传给一个杂种，都不愿传给您亲儿子，您太狠心了，怪不得我。”

“逆子，你会遭报应的。”朱温从床头拿起剑，他在战场上厮杀

了一生，就算死他也要死得有尊严。

朱友珪的侍卫将整个皇宫都已经团团围住，外面的军队绝对进不来。此刻，冯廷谔站出来了，他是朱友珪最信任的侍卫，他同时也敬佩老皇帝，由他一人杀了老皇帝，或许能让他死得有尊严。

一个纯爷们会让对手有尊严的死去，特别是像朱温这样的敌人。冯廷锷，这个神秘的刺客给了朱温应有的尊严，这是一个刺客应该具有的品质。

他提剑，朱温举剑，两剑相交，朱温的虎口震得剧痛，手中的剑也掉在了地上。冯廷谔提剑欲砍，朱温向后跑，围着寝宫内的大柱子打转。冯廷谔的好几剑都是击在柱子之上。

但，毕竟朱温是一个六十岁的病人，能跑几分钟已经很不错了，怎么可能一直跑下去呢。没几圈，他就不行了，他走到床边，趴在床上，他要死得像一个皇帝。

待朱温摆好死亡的姿势后，冯廷谔毫不留情地一剑，从背后击入，胸前刺出，肠流满床。

2. 乱世之臣、助主出逃——至死不渝、以死明心

杀了朱温之后，密不发丧，也不让群臣前来看望皇帝，宫中的守卫全都是朱友珪的心腹。当夜，他就派人前去东都，带着一封写好的圣旨，盖上玉玺（这东西现在在他的手上，他想盖多少印都行，反正也不花钱）。圣旨上面无非就说一些朱友文谋反的话，让他自尽。

朱友文也是一个老实人,加上他是朱温的养子,这一点一直是他心里的阴影。圣旨下来,说是皇帝让他自尽,他属下的人看了圣旨都说是真的,他也没怎么怀疑,当即就自杀了。

朱友文自杀的消息传到京城后,朱友珪才通告全国,昨夜二更时分,有几名刺客闯入皇宫,行刺皇上。不过,我朱友珪已经派兵将刺客全都杀了,只是很不幸的是,我们伟大的领导人,我敬爱的父亲,你们的君王被刺客刺杀了。他临终之前,将皇位传给了我。

下了通告之后,他开始大张旗鼓地给皇帝发丧,搞得轰轰烈烈。然后他在暗地里号召一批臣子,在葬礼上拥护他继承皇位,就这样,他顺理成章地成为了大梁的新皇帝。

朱友珪虽然如愿以偿地当上了皇帝,可是他的正统性和合法性受到了质疑,很多大臣都对他不满。京城有小道消息也盛传,皇帝是朱友珪杀死的,并没有什么刺客。

舆论是一柄尖刀,可以杀别人,也可以让自己被杀。朱友珪被舆论推到了风口浪尖,他虽然一次次地下旨辩驳,但是这种消息还在盛传。

一些大臣们都辞职不干了,年纪轻轻地就说要回家养老。一个如此,两个还是这样,……朱友珪也不能动粗,他总不能学老爸那样,不听话的臣子全都杀掉。他刚刚即位,需要稳定。

在他即位的第二年,讨逆的旗子就被扛了起来。扛起大旗的是他的弟弟朱友贞,还有朱温的外孙袁象先和女婿赵岩。

舆论已经完全站在了反政府武装方面,只要有一个站起来反对,就会产生多米诺骨牌效应,各地争相效仿,最后全国都会声言讨逆。

仅仅半年的时间,朱友珪就成了全民公敌,全国人民以参加讨伐朱友珪为乐。而朱友珪刚刚即位,并没有掌控大梁的军权,他所掌控的只不过是京城的防卫而已。他手下的这点人马用来在京城政变还行,真用来在全国打仗,那根本就起不到什么作用。

在全国都在搞讨伐朱友珪的形势下,原本拥护朱友珪的一些将领们也都临阵倒戈,朱友珪陷入了孤家寡人的境地。

凤历元年(这是朱友珪所改的年号)二月,袁象先就带兵打到了京城,朱友珪的侍卫一哄而散,只有冯廷谔带着少量的侍卫掩护朱友珪夫妇。

京城内外到处都是反政府武装的人,形势十分危急,宫中能逃跑的人都跑了,但冯廷谔并没有逃跑。他是一个武功高强的人,况且反政府武装所打出的旗号说,只杀朱友珪,其他的人可以从轻发落。冯廷谔完全可以逃脱,他没有必要继续掩护朱友珪。

但,他是一个侍卫,是一个刺客,他知道,什么叫"士为知己者死"。主人不逃,他也不会苟活。所以,就算付出再大的代价,他也要保护朱友珪。

冯廷锷带着皇上朱友珪和皇后,一起逃出皇宫。但是皇宫已被重重包围,到处都是敌人,根本无法逃脱。

在出逃无望的情况下,朱友珪向冯廷谔说:"如今京城内外到处都是贼人,朕已无法出城。朕求你一件事!"

"什么事,皇上尽管吩咐,廷谔万死不辞。"

"杀了朕和皇后!"朱友珪说。

"皇上!"冯廷谔一声惊呼。

"与其落入叛贼手中,受尽屈辱,还不如让朕最亲信的人送朕

上路,或许这样朕会走得安心一点。”

冯廷谔紧咬双唇,丝丝血迹渗出。

“好,臣遵旨,皇上放心,微臣永远跟随您左右。”

他举剑,刺腹,朱友珪和张皇后相继躺在血泊之中。

他再次举剑,看着漫天的火光,闭目一笑,长剑从脖子上划过,一道血光在火光下闪闪发亮。

他就是冯廷谔,一个坚持自己信仰的男人,即使山穷水尽,也不后悔。他用死来诠释着“士为知己者死”的信条,就凭这一点,他就可以称得上是一个纯爷们。

拾肆:辛古
——厨子刺客

耶律璟的所作所为,让整个辽朝陷入了恐慌之中,上至百官、下至侍卫宫女。正是在这种恐慌之中,辛古举起了他的正义杀猪刀。

辛古,出生年和卒年皆不可考,只知道他是一名厨子,后来因不满辽穆宗的所作所为,置生死于不顾,背着弑君反叛的罪名,杀死了辽穆宗耶律璟。

这一事情的经过又是怎样的呢?

▶前　　言

契丹王朝，趁着唐末乱世，在中国北方兴起。五代时期，中原王朝陷入分裂状态，更利于契丹王朝扩张。契丹开国主耶律阿保机的儿子耶律德光(902—947)将势力进一步扩充到中原，先是借兵石敬瑭，取得“燕云十六州”。后来又兴兵南下，攻占后晋都城开封。只不过因为不适应中原天气，悻悻而回，并且死于北归途中。

耶律德光死后，军中大将拥立耶律阿保机的长子耶律倍的儿子为帝，史称辽世宗。辽世宗是一位有为的君主，一心效法耶律德光，欲南下中原，统一天下。很不幸的是，辽世宗率大军南下的途中，被属下谋杀。

辽穆宗耶律璟得到军队拥护，率军平叛，继而以耶律德光之子的身份，继承皇位。

辽穆宗即位之后，面对纷繁复杂的局势，采取了比较强硬的措施。待帝位稳固之后，耶律璟便荒诞起来，终日沉迷于饮酒之中。因为长年饮酒，精神出现了问题，醉心于杀人取乐。据《辽史》载：“应历十三年正月，杀兽人海里。三月，杀鹿人弥里吉，枭其首以示掌鹿者。六月，杀獐人霞马。十一月，杀彘人曷主。……十四年，二月，肢解鹿人没答、海里等七人于野。……十五年，三月，虞人沙

刺迭侦鹅失期，加炮烙、铁梳之刑而死。……十六年九月，杀狼人褭里。……十七年，四月，杀鹰人敌鲁。五月，杀鹿人札葛。六月，肢解雉人寿哥、念古，杀鹿人四十四人。十月，杀酒人粹你。杀豕人阿不札、曷鲁、术里者、涅里括。杀鹿人唐果、直哥、撒剌。十二月，手杀饔人海里，复脔之。……十八年，三月，杀鹘人胡特鲁。四月，杀彘人抄里只。五月，杀鹿人颇德、腊哥、陶瑰、札不哥、苏古涅、雏保、弥古特、敌答等。六月，杀彘人屯奴。十二月，杀酒人搭烈葛。”

耶律璟的所作所为，让整个辽朝陷入了恐慌之中，上至百官、下至侍卫宫女。正是在这种恐慌之中，辛古举起了他的正义杀猪刀。

辛古，出生年和卒年皆不可考，只知道他是一名厨子，后来因不满辽穆宗的所作所为，置生死于不顾，背着弑君反叛的罪名，杀死了辽穆宗耶律璟。

这一事情的经过又是怎样的呢？

▶Part 1

一代睡王、绝世昏君
——此君若除、为国除害

皇帝是一个酒精中毒的精神病患者，臣子们也都担心，这样一个皇帝对国家的建设一点儿益处都没有。况且，皇帝喜怒无常，当朝很多大臣都无缘无故遭了毒手，臣子们都生怕哪天就轮到了自己。因此，臣子们每天上朝的时候都要和家人好好作别，说不定就回不来了。

1. 酒精中毒、一代睡王——无心朝政、荒废国业

辛古此人更加是一个传奇，如若冯廷谔是历史上少有记录的刺客，那么辛古的记录更少。冯廷谔怎么说也出了几次场，但辛古只出场了一次，而且戏份还不怎么足。但是，这并不妨碍他是一个

难得的好刺客。

辛古,契丹人,转变为刺客之前,他是一名厨子。他是一个平凡的人,但他又是不平凡的。说平凡是因为他的厨艺很高,他也想着开一个厨师培训班,赚大把大把的钱;说不平凡,是因为他是御厨,是做饭给皇帝吃的厨子。

在他刺杀皇帝之前,他就好像空气一样,存在历史上。出生年不详,师从何处更是无从谈起,有什么样的感情经历,有何种政治信仰,通通都是空白。

他刺杀的对象是辽穆宗,有必要好好说一下这个辽穆宗,他是历史上鼎鼎有名的“睡王”。他是辽太宗耶律德光的儿子,虽然他老爸是皇帝,可他老爸在947年从中原返回草原的时候,病死在了途中。军中的大臣和将帅们立了耶律倍的儿子耶律阮为皇帝,是为辽世宗。

辽世宗是一个比较有雄心和作为的皇帝,他也想效法叔父耶律德光,吞并南边的小朝廷。而辽穆宗耶律璟只是一个没有什么雄心壮志的公子哥,他的人生乐趣只有两个:喝酒和睡觉,他甚至连女人都不喜欢。

本来,他做一个有钱有地位的公子哥,集富二代和官二代的优点、缺点于一身并没有什么问题,随便他怎么喝酒,随便他怎么睡觉,根本就不关乎国民经济的发展,也与老百姓的切身利益无关。

但是,历史就是喜欢捉弄人,辽世宗在南侵的途中被属下杀死,有大将拥立耶律璟平叛。他也就稀里糊涂地当上了皇帝。

人都是可以培养的,臣子们相信。他们更加相信,拥立这么一个皇帝,说不定以后他们贪污腐败,皇帝会睁一只眼闭一只眼。互

惠互利嘛！可是他们的算盘打错了。

耶律璟当了皇帝之后，兴趣还是只有两个：喝酒和睡觉。后来，他酒精中毒了，没得治，群臣束手无策。从那时开始，耶律璟就变得不正常了，有时候喝醉了就开始杀人。皇帝杀人，也没有人敢反抗。

你说他就喝醉了杀人也就罢了，他清醒的时候也杀人，酒精中毒让他分不清是非了。

他当了十八年的皇帝，每一年都有无数的人死去，渐渐地没有多少人敢来皇宫当差，因为他杀得最多的还是身边的侍卫、宫女。

皇宫就是一个魔窟，来者即有生命危险。

2. 杀人如麻、绝世昏君——谁杀此君、为国除害

皇帝是一个酒精中毒的精神病患者，臣子们也都担心，这样一个皇帝对国家的建设一点儿益处都没有。况且，皇帝喜怒无常，当朝很多大臣都无缘无故遭了毒手，臣子们都生怕哪天就轮到了自己。因此，臣子们每天上朝的时候都要和家人好好作别，说不定就回不来了。

皇帝无道，也有一些人起来反抗过。但是军队绝对服从皇帝的领导，叛变无效。

死的人越来越多，全国都陷入恐怖之中。所有的人都在期待，期待有那么一个天使出来，杀掉皇帝。但天使是不杀人的，杀人的是用杀猪刀的人。

辽穆宗耶律璟几十年养成了一个习惯，喝酒之后就睡觉，醒了再喝。很少吃饭，可能喝酒的时候也吃了牛羊肉吧！

后来酒精中毒越来越厉害，他睡觉的时间也越来越长。因此，宫中的御厨其实是比较清闲的，皇帝经常不吃饭，他们也就不准备什么饭菜了。厨子辛古成了一个闲人，御厨的工资也还不错，经常没事就和宫中的带刀侍卫们斗斗地主，小斗怡情嘛。

▶Part 2

厨子之刀、轻取龙命
——不论结局、只伸正义

历史上并没有记载辛古的下场，相信辛古自己在出刀的那一刻并没有考虑退路。一个真正的刺客是将生死置之度外的。辛古是契丹人，他刺杀皇帝，不管这个皇帝有多昏庸，他都是十恶不赦之罪，免不了一死。但是，决定动手的时候，他没有去想这些事，他只想为大辽去掉一个祸害，换一个正常的皇帝即位，然后带领契丹人民奔小康。他是一个抱着远大理想的低级公务员。

1. 碌碌无为、荒诞不羁——个人奋斗、笑看世变

辛古是契丹人，从小在马背上长大，听说了中原的繁华，而且

有各种口味的饭菜与小吃。因此，他立志要做一名厨子，吃尽天下的美食。后来，中央在全国海选厨子，他凭借高超的厨艺胜出。刚开始他是没什么机会直接给皇帝做东西吃的，后来因为皇宫的厨子接二连三地被精神病患者杀死，职位出现了空缺。辛古就被调到了御厨的任上，一干就是好多年。

作为一个整天在皇宫当差的厨子，和他斗地主的人都换了好几拨，因为这些侍卫都是保护皇帝的，可是皇帝每次喝高了都会杀几个人，不是侍卫就是宫女。皇帝清醒的时候一般都是杀大臣，所以侍卫们都希望皇帝每天都清醒着。

对于皇帝乱杀人，辛古已经见怪不怪了，每天都有人死，这很正常，他笑看一切，继续自己的斗地主，他相信，这个不吃饭的皇帝，与自己八辈子都扯不上关系了。

辛古每天上班斗地主，下班回家练刀法。他的生活很简单也很规律，一个词语总结，就是"碌碌无为"。但是，公元 969 年 2 月，辛古的生活改变了。他不能再做一个无所事事的公务员了，他和皇帝扯上了关系。

这天，喝高了的皇帝突然提出想吃饭，要侍卫们去拿。侍卫们一下子呆若木鸡，愣在原地半天没反应过来。他们心里都清楚，辛古大厨师今天一整天都在斗地主，根本就没做饭，哪里给皇帝拿吃的？但若不在短时间内拿过来，皇帝肯定又要杀人了。怎么办？

小哥、盥人花哥等几名侍卫赶忙去找御厨辛古，看还有没有什么挽救措施，要是没有办法，那么他们几名侍卫不说明天斗不了地主，就连今晚都活不过了。

"怎么办，大厨师？"几个人焦急地问辛古。

“怎么办……”辛古也在冥思苦想，“我有一个办法，不知道你们敢不敢实行？”

“什么办法，只要能让我们不死，我们什么都做。”侍卫们争相表态。

“你们确定？”辛古强调了一遍。

“确定！”

“我的办法就是行刺皇上！”辛古掷地有声。

“行刺……皇上？”

“对，昏君在位，天下怨声载道，这几年来，虽说我一直尸位素餐，但是据我观察，大臣们早已经对皇上不满了。皇上的弟弟不是叛变过么，不是有很多大臣都暗地里在聚集势力么？他们都想杀掉皇上。既然如此，我们何不趁势而起，为国为民除害。这件事，你们敢不敢？”

侍卫们哑口无言，行刺当朝的皇帝，任何一个人想都没想过，这是十恶之首，如若出了一点差错，可能要诛九族。况且，不论朝中大臣是怎么打算的，如若他们几个侍卫把皇帝杀了，就算符合大臣们的心意，但为了维护皇权的权威，他们也会被当做牺牲品，为皇帝殉葬。这样做，到底值不值？

“怎么，都不敢？”辛古惊问。

“这毕竟是一件大事，皇上身边有很多侍卫，我们……”

“很多侍卫？”辛古淡淡一笑，“你们不就是吗？还有其他的侍卫，你们可以把他们支开。”

“可是我们并没有武器，皇上就是怕侍卫叛乱，所以不许我们携带武器。”

“没有武器不要紧，我这里有杀猪刀！”

“可是……”

“哈哈……你们不用推三阻四了，我来吧！为了大辽的百姓，我辛古愿意独自一人去行刺。”

“大厨师！”

“此昏君在位，我大辽已经面目全非，大辽不能再这样继续下去。你们先去支开侍卫，我随后就到。”辛古慷慨激昂地说。

2. 杀猪刀下、皇帝一命——不计后果、为除昏君

很快，侍卫们就在宫殿之中看到辛古端着盘子进来了，他镇定自若，丝毫不畏惧。而皇帝，早已经将长剑持在手中，侍卫们都明白，皇帝准备杀人了。

实际上这么多年来，辽穆宗说过要杀的人从来都没有遗漏过，即使当天忘记了，第二天也会想起来把他杀掉。这也是侍卫们听到皇帝说要杀他们后，惶惶不可终日的原因。

“放肆，这么晚才送过来！”辽穆宗愤怒地举起手中的长剑，向辛古砍来。

就在那一刹那，只看见刀光一闪，待大家看清楚时，皇上已经倒在了血泊之中，而辛古的手中握着他的杀猪刀，鲜血淋漓……

辛古，一个御厨，在那一刻转变成一个为国为民为同事的刺客，他的杀猪刀成为了历史上最有名的凶器之一。

历史上并没有记载辛古的下场，相信辛古自己在出刀的那一

刻并没有考虑退路。一个真正的刺客是将生死置之度外的。辛古是契丹人,他刺杀皇帝,不管这个皇帝有多昏庸,他都是十恶不赦之罪,免不了一死。但是,决定动手的时候,他没有去想这些事,他只想为大辽去掉一个祸害,换一个正常的皇帝即位,然后带领契丹人民奔小康。他是一个抱着远大理想的低级公务员。

拾伍：施全
——为群众谋福利的刺客

施全，出生年不详，早年随岳飞南征北战，沐浴于南宋初年的战火之中，性情比较急躁，敢作敢为。

岳飞死后不到九年，绍兴二十年(1150)，施全藏刀临安一座桥下，伺机刺杀秦桧，未果，刚毅不屈，被杀。

真实的施全又是怎样的呢？

▶前　　言

南宋(1127—1276),南宋的创立者赵构,本无机会继承皇位,只因金军南下,二帝北狩,赵宋宗室皆被北俘,故赵构得以凭借正统身份即位。

但赵构即位之时,宋朝的正规军队基本被消灭,他赖以立国的基础,皆是一些地方的杂牌部队,甚至还有土匪、流氓在内。渐渐地,在这群杂牌部队中,涌现出了几个惊天动地的军事家,被南宋人称之为中兴几大将,分别是:张俊、刘光世、韩世忠、岳飞、吴玠、刘锜等。

这些人手中,少则有两三万人,多则有十万人,岳飞就是典型。南宋中央能够控制的军队十分有限,这与北宋的"强干弱枝""内重外轻"完全背道而驰。若继续这样发展,诸将必然形成尾大不掉之势。故南宋中央的文官层全都主张收兵权,甚至杀几名大将也在所不惜。故岳飞被冤杀之后,在朝廷并没有引起特大的反响,相反这是文官层比较愿意看到的结局。岳飞的地位被抬升,完全是从宋高宗以后,特别是在韩侂胄开禧北伐时期。

秦桧(1090—1155),在靖康之难时,他是大宋的御史中丞,属于高官层。他坚决反对立张邦昌为傀儡皇帝,并写了一篇享誉天

下的美文。后来，随二帝一起北俘。

南宋建立后，秦桧声称自己从金朝偷渡回来，并且顺利在两年后（绍兴二年）成为南宋的第二宰相。不过，由于绍兴二年的议和时机还不成熟，诸将权力太大，所以，秦桧在一片责骂声与打压声中，悻悻下台。

绍兴八年（1138），宋金议和时机成熟，高宗起用秦桧为宰相，全权负责议和。秦桧上台之后，将议和与收兵权紧密联系起来，最终与金达成"绍兴和议"，也收了张俊、韩世忠、岳飞三大将的兵权，并以"莫须有"的罪名将岳飞逼死。

施全，出生年不详，早年随岳飞南征北战，沐浴于南宋初年的战火之中，性情比较急躁，敢作敢为。

岳飞死后不到九年，绍兴二十年（1150），施全藏刀临安一座桥下，伺机刺杀秦桧，未果，刚毅不屈，被杀。

真实的施全又是怎样的呢？

▶Part 1

刺杀奸臣、为国除害
——一己之力、唤醒大众

施全，这个岳家军最忠心的小将官，跟岳飞南征北战，他清楚岳飞是一个忠心耿耿的人。所以，后来秦桧罗列岳飞谋反的罪证，施全是完全不相信的。

岳飞被害后，他哭了好几天，也骂了秦桧几天。不过那时候他还没想过用刺杀的方式来解决问题，现在他终于忍无可忍了。

1. 缔结和平、妄杀功臣——奸臣秦桧、忠臣岳飞

宋高宗绍兴二十年正月的某一天，刚休完年假的秦桧，懒散地坐在轿子中。又一个欢乐的春节，还没尽兴，就要回来上班。可是

不上班不行，他是朝廷的宰相，除了高宗皇帝外，他是最大的。十几年来，他从未真正信任过任何人，朝中的事情必须要自己办。

他必须去上班，他心里清楚，朝中有些官员一直都对他不满，他不会给他们一丝抢夺自己权力的机会。

无意中，他又回想起八年前的那个除夕，他永远记得那一天。他知道他死后很多人都会拿那一天发生的事来诟病他，因为他冤杀了岳飞。其实，如若和平能解决的事情，他秦桧是不会用武力去解决的，更加不会流血。八年前，是皇帝亲自下令要逮捕岳飞，并且勒令他搜罗罪证。当然，打从心底，他也是赞成皇帝的做法的，因为将帅权力太大，有可能形成尾大不掉之势。

最终，岳飞在绍兴十一年的除夕夜被杀死。不过他一点儿都不后悔，因为杀了岳飞之后，大宋朝的武将们就都老实了，国家的权力又回到了文臣手中。

他也庆幸自己杀了岳飞，不然大宋朝的太平或许不会来得这么早。看着街道上熙熙攘攘的人群，一片欢乐与祥和，试问这些人中，有几个又真正地关心岳飞的死与活呢？他们在乎的只是自己的生活过得好罢了。而这一切，都是他秦桧的功劳。

不过，和平也付出了血的代价，人一旦站在权力高层太久，对那种尔虞我诈之事就会麻木。这十几年，秦桧说一不二，只要反对他的人，他总能找到各种借口，将他们全都贬出去。

他不在乎死后留下什么名声，他相信，他可以改变一切。八年来，没有人敢对他说不。他习惯这种方式，他也享受这种方式。

就在这时，只听外面哄闹一片，好像还有兵刃交加之声。他大吃一惊，好久没听到兵器的声音了，春节的气氛还在，有谁敢在临

安的街道上动兵器。

他掀开轿帘，只见一个中年男人拿着一把大刀正和自己的侍卫交手。刺客！秦桧不由得惊出一身冷汗。

什么人这么大胆，敢刺杀当朝宰相？秦桧纳闷着，环顾四周，他相信刺客一定不是单个行动，一定还有同伙。其他的侍卫已经将轿子围住，以保护秦桧。

那名刺客手起刀落，已经干掉了好几名官兵，十分生猛。眼看着围攻他的数名官兵全都要被他放趴下，这时秦桧身边的侍卫长出马了。

开玩笑，不要以为秦桧身边没有高手。这年头，身边没几个厉害的保镖，怎么敢大摇大摆出来？那名将官与刺客缠斗了几回合，就把刺客给擒住了。刺客当即就被押往大理寺狱中。

秦桧搞不懂，他为政也还不错啊，经济改革搞了，人民富裕了；道路也修了，人民出行方便了；房价打压了，市民可以随便买房了；武将们的特权取消了，封地全都拨给穷人了，阶级平等了。社会这么和谐，为什么还有人对他不满呢？难道怪自己贪污？搞没搞错，作为国家的二把手，贪污怎么了？不对吗？这不是官场潜规则吗？

他实在想不出刺客有什么理由要杀他，按捺不住好奇心，他来到大理寺狱中，亲自审问那个罪犯。

"秦桧你个王八蛋！"才刚刚把他从牢中提出来，刺客就骂了开来。

幸好秦桧脾气不是很差，这么多年也被人骂惯了，骂几句无所谓，历史上有几个英雄是真的靠骂出名的？没有。

刺客已经被打得血肉模糊，他怨毒的眼神看得秦桧有些胆寒。

"你叫什么名字,为什么刺杀本相?"

"像你这种狼心狗肺的东西,天下人得而诛之。"刺客大骂。

2. 表面太平、实则紊乱——群众福利、挺身而出

秦桧从大理寺官员那里得知,刺客叫施全,曾经是岳飞的下属,岳飞死之后,岳家军的编制没了,分割成很多个御前军。很多和岳飞关系亲密的武将都被贬了,施全是一个小将官,这么多年来一直申请加入到中央军队的编制中来,但是一直都没被批准。

南宋建立之初,武将势力发展得很快,武将的地位也被抬高,改变了北宋的武将地位卑下的处境。中兴几大帅:岳飞、韩世忠、张俊、吴玠等,手中都握有十万左右的军队,但是这些军队并不受中央的直接管辖,只归属于将帅个人。

在绍兴十一年的时候,秦桧和高宗合谋,收了三大帅——韩世忠、岳飞和张俊的兵权。他们的私人军队也全都划归中央名下,很多忠心于将帅的兵士们都离开了军队。

这样就产生了很多问题,秦桧裁军,不是大量地裁,只是有选择性地裁极少数人。很多小将官一直向中央申请升迁的编制,没有了战功,就只能按年资来升迁了。但是秦桧根本就不搭理这些低级武将,他总觉得国家的发展不需要这些武将们。况且大宋朝和金朝已经签订了和平条约,不需要打仗了,国家何必要浪费纳税人的钱养这些人。

申请不到编制的这些小武将们工资不高,但是南宋的物价有

点儿偏高，他们又挣不到什么外快。你说做兼职杀手吧，南宋社会和谐，杀手没什么发展空间。靠一点儿基本工资养家糊口，对这些小武将来说，很是困难。

在最严重的时候，甚至有一些小武将都饿死了。因为那时候武将的地位又降下来了，尤其是士兵和低级武将，根本不受社会民众的待见，没有人愿意请他们做兼职，饿死几个人还是没有影响的。

施全就是靠一点儿基本工资养家糊口的人，八年多了，中央政府都没把他们这群人的问题解决。他们越来越不满了，但因为这群人的数量还是有限，闹不起来。因此，只能搞搞刺杀，震慑一下秦桧。

这只是一个方面的原因，还有一个原因就是替岳将军报仇。八年前岳飞被秦桧冤杀，天下所有的人都看在眼里。可是并没有多少文臣站出来反对，或者为岳飞喊冤，这又说明什么呢？

说明岳飞和其他武将势力的发展，已经让皇帝和文臣们感到不安，如果不铲除武将，或许会发生武将叛变的事。因此岳飞的死除了损害了岳家军的利益外，于人无损。

施全，这个岳家军最忠心的小将官，跟岳飞南征北战，他清楚岳飞是一个忠心耿耿的人。所以，后来秦桧罗列岳飞谋反的罪证，施全是完全不相信的。

岳飞被害后，他哭了好几天，也骂了秦桧几天。不过那时候他还没想过用刺杀的方式来解决问题，现在他终于忍无可忍了。

▶Part 2

刺杀不成、死有何惧？
——施全的大丈夫气概

“秦桧，老子在黄泉路上等你！”他冷笑着大叫，身子随即被行刑人撕裂成无数块，地上，内脏满地，鲜血横流……

经过刺客施全这么一次刺杀，秦桧的胆子变小了。每次出去，都会带上五十名侍卫，比之前增加了好几倍，而且侍卫们都持长梃，不给刺客靠近的机会。

1. 刺杀秦桧、屈打不招——笑对死亡、再做好汉

忍无可忍，无须再忍，男子汉大丈夫要对自己狠一点。于是，他拿着刀，埋伏在秦桧上朝的途中，趁机刺杀。只不过，他武艺不

精，很快就被秦桧的保镖给擒住了。

“现在你都知道了吧？王八蛋！”施全还在大骂秦桧，这是死前的快感。他骂一声，狱卒就打几下。他从未求饶，也未停止谩骂。男子汉死则死矣，怎可求饶。他既然敢出来行刺炙手可热的秦桧，就已经将生死置之度外了。他不在乎狱卒在他的身上多鞭打几下，无非就是一点儿疼痛罢了。有什么用呢？

既然没有杀死秦桧，那么只怪自己倒霉，无非就是个死。他要用自己的死来告诉天下，南宋还有那么一群热血的低级武将，他们的心中还记挂着岳将军，还有那个血性的年代。如果对往事的怀念和对现实的不满都只是一种信念的话，他施全宁愿用性命来诠释这种信念。

对于这样一个怀念岳飞的小武将，秦桧甚至连劝他归降都没有兴趣，交给大理寺继续审理，自己离开了。

秦桧离开后，施全度过了人生最后一晚，只不过他早已经被打得面目全非。第二天，施全大骂着被拖了出去，在闹市中，他被绑缚着，有官员宣布他的罪行，围观的市民越来越多，都在指指点点。

“秦桧，老子在黄泉路上等你！”他冷笑着大叫，身子随即被行刑人撕裂成无数块，地上，内脏满地，鲜血横流……

经过刺客施全这么一次刺杀，秦桧的胆子变小了。每次出去，都会带上五十名侍卫，比之前增加了好几倍，而且侍卫们都持长梃，不给刺客靠近的机会。

拾陆：杨巨源、李好义——除奸的刺客

吴曦叛变后，四川地区完全受吴家军掌控，在这样的情况下，义士杨巨源、李好义置生死于度外，冒着灭族的危险，暗中聚集义士，商讨平叛事宜。最终，二人带着百十义士，冲进吴曦的官殿，杀死吴曦。

杨巨源、李好义皆为四川人，年少有大志，尽职尽责，效忠国家。故吴曦叛乱后，他们第一时间站到了其对立面。然而，故事究竟是怎样的呢？

▶前　　言

自从南宋与金签订“绍兴和议”以来，宋朝一直处于低下地位，绍兴八年的第一次绍兴和议，宋朝甚至是臣服于金朝的。遥想北宋时期，虽然在军事上处处受辽朝与西夏的压迫，但是宋朝至少与强大的辽朝是兄弟之国，至少不会差辈。但是至南宋，地位却一落千丈。

高宗在位，一直不言兵。孝宗即位后，开始对金进行自卫反击战，希冀改变南宋的不利地位，赢回自己在国际上的影响力。但是，几次战争皆以失败而告终。虽然之后，宋金之间也有零零散散的战争，终没有形成大战局面。

南宋宁宗即位之后，韩侂胄受到重用，二者皆希望在军事上有一番作为，改变宋金双方之间的地位。于是，韩侂胄贸然发动了开禧北伐，并将吴挺的儿子吴曦放回四川。

这一招放虎归山，终酿成大祸。吴曦在四川举起了叛旗，投降金人，开禧北伐宣告失败。

吴曦叛变后，四川地区完全受吴家军掌控，在这样的情况下，义士杨巨源、李好义置生死于度外，冒着灭族的危险，暗中聚集义

士，商讨平叛事宜。最终，二人带着百十义士，冲进吴曦的宫殿，杀死吴曦。

杨巨源、李好义皆为四川人，年少有大志，尽职尽责，效忠国家。故吴曦叛乱后，他们第一时间站到了其对立面。然而，故事究竟是怎样的呢？

▶Part 1

鞭长莫及、叛臣突起
——结纳义士、准备反击

杨巨源和李好义两个人见面之后，先是互相询问了一番，最后探讨计划，杨巨源说他们准备在三月六日动手，因为那一天吴曦要去拜宗庙，这是一个好机会。李好义当时就表示不同意，说是那个时候他的保镖太多，不好下手，我们还是找一个稍微安静一点儿的时间动手，最好是吴曦保镖不多的时候。

1. 吴氏家族、四川为王——开禧北伐、吴曦称王

吴氏家族的基业奠基者是吴玠和吴璘两兄弟，这两兄弟是南宋的开国功臣，与岳飞的地位一样高。所谓南宋中兴五将中，吴玠

就名列其中。南宋初期,整个四川战场,全都靠吴玠、吴璘两兄弟支撑。

绍兴九年(1139)吴玠病逝,吴璘成为他的接班人。经过二十年的发展,吴氏家族完全控制了四川地区。以至于出现了四川人只知道吴氏家族的人,而不知道南宋的皇帝高宗赵构的情况。

金完颜亮南侵,吴璘、吴拱、吴挺等吴氏家族的将领全线出动,对稳定南宋政局起了至关重要的作用。作为吴璘的直系孙子,吴曦是最具权威的接班人。

南宋中央因为担心吴氏家族权力太大,尾大不掉,故而将吴曦借机调到中央来,这样,吴挺便投鼠忌器了。

南宋中央的文臣还是执行着北宋的“崇文抑武”政策,为了防止吴氏家族势力的壮大,直到吴挺死后,南宋中央也不放吴曦回去,目的就是让中央文臣前去取代吴挺的位置。

但是,功利派韩侂胄上台之后,经过一段时间的准备,搞起了开禧北伐。但是四川地区没有一个独当一面的大将,于是吴曦贿赂韩侂胄身边的人,建议调吴曦回四川。韩侂胄一心想着建功立业,并没有意识到派遣吴曦回去的危险,于是将吴曦派了回去。

四川宣抚使程松以兵三万驻兴元,吴曦以兵六万驻兴元,正式北伐。

川陕战场上的战斗很是激烈,程松和吴曦都是不会打仗的主,所以战前准备也不知道该咋弄,打仗的时候又没有一个很好的战略方针和战略调度,大部分战争都是以失败而告终。按照吴曦的意思就是把陕西的四州都交给金人算了,只要宋军还能守住四川就行。

也就是在金人猛攻的情况下，离间计就派上了用场，金将完颜纲开始大肆地劝说吴曦反叛。反正大将幕后的笔杆子多的是，写几封劝降信还是能写的。

大概意思就是说，现在你们宋朝对于你们吴氏家族已经不再信任了，你去中央当了这么多年的人质就是一个见证，你父亲死的时候中央都不让你回来奔丧，任何一个有道理有良知的政府都干不出这种缺德的事来。你现在就算是拼死拼活为你们的政府卖命又能怎样呢？你难道忘了你们朝廷的岳飞了吗？当年岳飞能不能打，功劳大不大，又能怎样呢？朝廷说怀疑他，他马上就被杀了，相信你吴曦是一个聪明的人，不会干这种事，为了你自己，为了你们家族，你还是过来吧！我们封你为蜀王，以后四川的事完全交给你处理。

完颜纲写了招降信之后，接下来的就是这信怎么到吴曦的手中？平常的时候也还好说，通过邮局寄就行了，可是现在不行啊，现在是两国交战的时期，信也不是能够随便寄出去的。

但很快完颜纲就在水洛城找到了一个完美的信使，这个人是水洛城的巡检使（可能也就是警察局局长或者是城管的最高上司），他的名字叫吴端，是吴曦的族人，往前数八代，两个人或许还能共祖宗。

条件能够不诱惑人吗？况且上面说的也都是实话，朝廷也的确一直都是对他不放心的。给别人打工总比不上自己单干，年底想怎么分红就怎么分红。他完全动心了，他接下来会怎么办？

怎么办？杀了吴端，我吴曦是一个忠心爱国的好男儿，怎么可能接受金人的劝降呢！开玩笑，杀！（假杀）

就算是真的要投降，也不能一接到信就投降吧！也太不把人当腕了，他要等，等一个最好的时机。况且现在投降的话时机一点都不成熟，估计没太多的人愿意跟着他，还是等金人的气焰再嚣张一点，把官军再打惨一点再说。

他还真就把吴端给杀了（假杀），吴端说我们俩共一个祖宗，你可不能杀我。吴曦说，我吴氏满门忠烈，怎么出了你这么一个叛徒，不杀怎么对得起祖宗。

他这一杀倒是把底下的同志们都杀得乐了，把程松也杀乐了，他大赞吴曦是一个好同志，还号召全军都向吴曦同志学习。

金将蒲察贞攻破和尚原之后，吴曦就看到了希望，投降、投降！

蒲察贞的军队开往和州，所谓的陕西关外四州就是阶州、成州、和州、凤州。守卫在和州的正是吴曦的部将王喜，吴曦一纸将令将王喜传调回来。蒲察贞的军队一路下和州入成州，吴曦也就名正言顺地带领军队逃出河池，一把火焚了河池。

吴曦还是回到了自己的老窝兴州，准备在兴州大干一场，驻扎在汉中的程松还一个劲地让吴曦发兵来救，吴曦说我没空，我还要抓紧兴州的防御呢。程松说我是战区最高司令长官，你必须给我派兵，不然我向中央政府去控告你。吴曦说懒得和你扯淡，给你派三千骑兵过去，你看着用。

这个时候程松还不知道吴曦有反意了，他还在前线说我要建功立业，其实程松的建功立业也不过是和金人拼死亡率，他不会打战，他现在才知道，在中央上班才是最舒服的，虽然来地方当一把手很牛，但是很多苦都是在中央一辈子吃不到的。在中央上班的话，也就动动嘴皮子就行了，拼命的是地方的这些人。

正好从中央那边传来其他战线上失败的消息，韩侂胄发来电报说是其他战场上的人都不是太顶用，我现在就全靠你了，你要给兄弟我争气啊！

吴曦回电报说，我会给你争气的，我一向都是一个很争气的人，你在临安等着我的好消息吧！

可是后来韩侂胄还想再找吴曦的时候，吴曦就借口说自己的这边没信号，中国移动也不好使了，四川的信息就这样断了。

这次吴曦是来真的了，他反了，他派人过去告诉程松，看在咱们是同事的关系上，你还是赶快离开四川吧，不然连小命都保不住了。陕西关外的四州，吴曦全都交给了金人，毕竟这世界，有得必有失。他得到了金人的册封，为蜀王。

他截断了四川和外界的一切联系，无论是移动还是联通甚或是电信都打不进四川，四川真正地成了一个独立的王国。

程松接到吴曦的电报，当时就大叫坏了，原来十大杰出青年是假的，被懵了，原来吴曦不是一个好人。他该怎么做呢？他是朝廷派过来的重臣，他是来稳定四川，进取中原的，不能出现叛乱自己就跑了吧！可是他又打不过，怎么办？

能怎么办？跑呗！若说刚开始他还有点犹豫，怕跑回去受到中央的批评，但当听说金兵打来了，老百姓丢妻弃娘地跑，他程松也待不住了，也跟着百姓一起跑了。

他是当官的，他还有一千多人的保镖队伍呢，虽然不一定足数，但至少也还有一些。他跑了，甚至来不及给中央打个电话报告一下四川的形势。他顺长江而下，以最快的速度跑到重庆来了。

到重庆后他给吴曦打了一个长途，说是不在服务区，然后改发

电报，电报的主要内容当然还是希望吴曦不要造反，现在后悔还来得及，大家都是一家人，自家人不打自家人，但是开头他还是称吴曦为蜀王，也就是说他肯定了金人封给吴曦的这个封号。

程松都已经跑了，吴曦也就不去管他了，因为在四川，他自己的事都忙不过来。给程松随便回了一个电报就算了事，他开始全力处理四川地区的事务。

吴曦宣布自成蜀国，称臣于金，也就是他现在是金人的附属国的皇帝，将兴州改为兴德府，打算将都城就定在兴德府，同时任命安丙为中大夫、丞相长史、权行都省事。

如果吴曦是皇帝的话，那么安丙就是宰相，这层比喻应该是很明了的了。但是吴曦的叛乱遭到了重大的抵抗，包括吴氏家族自己的家人都表示强烈的反对。他将自立为王的消息告诉伯母和叔母的时候，伯母当时就表示你吴曦是吴家的不孝子，以后你别说跟我认识，吴家没你这么一个人，我们明天就去派出所消除户口本上你的名字。叔母也是哭哭啼啼，说是吴曦你怎么就这么不争气，你祖父们好不容易争取到的社会地位，一下子就被你一个人全毁了，把吴曦骂了一个狗血淋头。

吴氏家族的许多其他男丁看到吴曦的叛乱诏书之后都表示反对，都坚决要和吴曦脱离亲戚关系。吴曦自己的手下也都表示反对，杨骙就表示说，你祖父拼了八十年的命才拼出一个忠孝的名声，现在你这么一弄，什么都没了。很多四川的官员当即就表示辞职不干了，即使吴曦给再高的工资，退一万步来说，就算是吴曦分房子他们都不干了，大不了不在城市里住了，咱去农村。

有这种勇气是好的，古时候的士大夫就是这么高尚，搞不过

你，我就远之，去农村，谁愿意待在城市似的，在农村的日子多安逸，搞几块地种种，过过日子就行了。

四川的大部分官员都不愿接受吴曦的命令来上班，搞得吴曦陷入了一种尴尬的境地，你说，没人来上班这事还怎么能弄？

这个世界不愁没有人为官和为钱不折腰，多的是，古往今来都是如此。吴曦叛乱之后，虽然遇到了巨大的阻力，但是他一点都不灰心，做大事的人一点抨击都受不了，还干什么大事。

他还派人去成都修建宫殿，准备将首都迁往成都，毕竟成都才是整个四川的心脏。

远在临安的韩侂胄听到吴曦叛乱的消息之后，当时就急了，也私自给吴曦封了一些官爵，说是只要你不叛乱，金人给你什么官爵我都答应给你，你难道忘了我们两个的交情了，你难道就真的这么狠心违背你祖父的意志，年轻人，做事要三思而后行，不能头脑发热啊！

只可惜这时候的电报都传不过去了，只能是搞宋朝那时候的邮递，等到韩侂胄给吴曦的信发到四川的时候，吴曦的叛乱都已经平息了。

宋朝在四川地区及四川周围的许多文臣大官这个时候都不敢动手，一来怕是打不过，二来实在是不知道该怎么打。这些人平时嘴上说说是一回事，真要干起来，比登天都还危难。这其中还有很多人都是在朝廷上名气比较大、名声比较好的文臣，包括吴猎和杨辅等。

吴曦没有一定的把握，他敢随便叛乱吗？他掌握着整个四川的财权、兵权和政权，外面又有金人的支持，这桩生意他算是做成

了，而且是万无一失。

四川地区的老百姓们虽然都是怨声载道，说是怎么都没想到，平常看起来这么老实的一个娃，竟然干这种造反的事，原来吴家的人也有坏人。当年他们还兴高采烈地把吴曦迎接回来，现在想想都觉得滑稽。

平静的四川，底下却有一股股的暗流在翻涌，吴曦还以为自己完完全全地掌握了四川的一切。可是地下工作者们永远都不会被吴曦发现，吴曦的一个失败之处就是没能搞一个中央特务队，专门抓捕地下工作者。正好让想做掉吴曦的人有了机会，这其中最著名的两个人就是杨巨源和李好义。

2. 按兵不动、结纳义士——倾家荡产、为国除奸

杨巨源字子渊，祖籍成都，后来他老爸在成都混不下去了，就去益昌工作，他家也就变成了益昌人。

史料上面说他从小就有大志，也看了很多书，但就是考进士怎么考都没考中。

不过他从不气馁，他相信，是金子总会发光的。后来，他终于遇到了伯乐刘光祖，刘光祖说这孩子是个人才，于是就把他安排在事业单位干了一阵，后来觉得的确还不错，就让他进入官场。正好吴曦在兴州叛乱的时候，杨巨源就在兴州上班，不过，他那时还只是一个低级官员。

李好义，也是四川人，他的家庭背景就要比杨巨源好得多了，

因为从他爷爷那一辈开始，他家就都是当官的。他爷爷在高宗建炎年间的时候白手起家，干到了团练使的位置。他老爸李定一是兴州中军统制，是吴曦的手下。他从小就在军营中长大，所以也学过一些武艺，长大后就补为兴州正将，也算是一名低级的武官。

宋金之间开始打仗之后，李好义就一直跟着主帅吴曦在四川北部攻打金人，本想着立功报国，谁知，这时候传来吴曦叛变的消息。

估计四川的军士们都没料到吴曦会干这种事，他们都是仰慕吴氏家族的声望来参军的，要么就是吴氏父亲那一辈直接过渡来的，哪里想到吴家的人竟然会造反。

李好义一肚子的怒火，一回来就抱着父母兄弟们哭，哭了好一阵子，四川竟然出了一个叛将，这是他李好义所不能容忍的。

于是他就去和同事们商量，正好李好义是一个绝好的演说家，他慷慨激昂，大讲为国为民，建功立业。他侃侃而谈，滔滔不绝。一群低级武将都被他所感染，全都参加到平叛的行列中来。

于是李好义约上了一群同事，李贵、李彪、张渊、陈立、刘虎、张海等，众人反复商量，毕竟这是一次冒险，不能随便说平叛就平叛，造反是高危行业，平叛也是。吴曦有六万人在手中，要是事情稍微泄露一点儿风声，他们这些人都是满门抄斩的罪。

后来加入到他们的行列中的还有吴曦的亲卫军的将官们，黄术、赵亮、吴政，还有李好义的妹夫杨君玉。

众人都觉得平叛成功后，应该推举有威望的安丙做四川安抚使。计划敲定之后，于是就去联络安丙。正好李好义的妹夫杨君玉说他的一个好朋友叫李坤辰的说，兴州合江仓杨巨源也在暗地

里聚集人马搞平叛工作，而且他好像还和安丙联系上了。

杨巨源那边也准备得气势如虹，这个世界有钱就好办事，吴曦叛变的时候，杨巨源掌握中兴州合江的军仓，里面该有的东西都有，这个仓库只有他有钥匙，他说要叛吴曦，他就可以将仓库里面的东西都拿出来。因为有了这层优势，所以杨巨源组织起来更加方便，他将仓库里面的东西全都拿出来分给准备参加平叛的人，一共召集了三百多人。这其中还有几位武林高手，张林、朱邦宁、朱福、陈安、傅桧等人。

吴曦刚刚叛乱的时候就任命安丙为丞相长史，安丙也不确定吴曦叛变能不能成功，要是不能成功的话，那么自己就会身败名裂，这种亏本的生意他不干，所以他说自己有病，精神上有严重的问题，不能胜任这个工作，要吴曦收回成命。

正是在那期间，一个四川游手好闲的读书人程梦锡对安丙说，你就放心地干吧，到时候外结忠义之士，内外夹击弄死吴曦。安丙就感慨，现在也没见到什么忠义之士，到现在都还没人起来平叛。程梦锡就把杨巨源提了出来，说是他正准备着搞平叛。安丙就要求和杨巨源见一面，商量一下计谋，看到底行不行得通。

杨巨源就在程梦锡的带领下来到了安丙的家中，两人就起义的事情谈了很久，最后两个人互相表露了一下忠心与诚意，说要不是真心平叛的话就天诛地灭的。

李坤辰过来向杨巨源说好汉李好义也在准备着搞起义，看两个人能不能协商一下，大家一块搞，说不定成功的概率要高一点，李好义那边的人也想见一见安丙同志。

杨巨源说，我现在是安丙的代理人，也是他的私人律师，你们

有什么话和我说就行了，没有必要总是见安丙，免得引起吴曦的怀疑。

杨巨源和李好义两个人见面之后，先是互相询问了一番，最后探讨计划，杨巨源说他们准备在三月六日动手，因为那一天吴曦要去拜宗庙，这是一个好机会。李好义当时就表示不同意，说是那个时候他的保镖太多，不好下手，我们还是找一个稍微安静一点儿的时间动手，最好是吴曦保镖不多的时候。

什么时候呢？说是等到吴曦祭东园的时候动手，成功概率高。杨巨源也赞同这个提议，计划就这么敲定了。

这一计划十分危险，只要稍不小心，就有可能全军覆没，到时候参与平叛的人，有可能都会满门抄斩。但是，吴曦的叛乱已经严重威胁到南宋政权，如若没有人出来平叛的话，吴曦与金军两面夹击，甚至有覆亡的可能性。故而，杨巨源、李好义舍弃身家性命，冒巨大风险，纠集义士，暗中谋划平叛。

▶Part 2

妙计逼宫、内外夹击
——君子坦荡、建功立业

李好义和杨巨源两个心里都有点儿胆怯了，因为现在诏书都已经写出来了，万一被其他人发现有这么一通诏书，将他们举报了，事情就完蛋了。于是两个人一商量，我们还是提前起义吧！不能再等了。

杨巨源当即就去告诉安丙，说是起义的计划提前了，我们打算明晚起义，你到时候把宫殿的门都打开，我们带人冲进去。

1. 地方小官、不甘平庸——联络豪杰、妙计逼宫

因为闹起义的都是一群大老粗，只有杨巨源还是一个读过不

少书的人,再加上写诏书这种事情他们也不敢交给别人去做。杨巨源就亲自写了平叛的诏书,当然这是违法的。

李好义和杨巨源两个心里都有点儿胆怯了,因为现在诏书都已经写出来了,万一被其他人发现有这么一通诏书,将他们举报了,事情就完蛋了。于是两个人一商量,我们还是提前起义吧!不能再等了。

杨巨源当即就去告诉安丙,说是起义的计划提前了,我们打算明晚起义,你到时候把宫殿的门都打开,我们带人冲进去。

整个兴州一片寂静,死一样的寂静,越是这样杨巨源和李好义的心里越没底。但既已下定决心,就不能后悔,就算是死,也要死得轰轰烈烈。

第二天,所有参与平叛的人,一起喝了一碗诀别酒,他们将生死置之度外,视死如归。

来到吴曦宫殿外面的时候,安丙早就按照计划约定,将宫门打开,宫中也有安丙的人。李好义顺利地带着人马冲进宫内,突然间有七八十人冲进宫内,宫内的守卫们都惊了,但是很快反应过来,他们需要抵挡。

吴曦的宫内有几千个守卫,就凭李好义这么几十个人,三下五除二就可以解决了。很快他们就被包围在了中间,这个时候杨巨源带着诏书来了,说是我手里拿的是朝廷的诏书,朝廷已经封安丙为四川宣抚使,要我们拿下吴曦这个叛贼,要是不想满门抄斩的现在就赶紧离开。

守卫们一听说是朝廷传来的旨意,这些人都是朝廷的人,还打个什么,都跑了,谁也不想贪上一个不忠的罪名被满门抄斩。

没有了抵抗，李好义就带人从殿东的小门进入到吴曦的寝宫那边。都已经三更半夜了，吴曦被外面的声音吵醒，本来还想着起来发一通脾气，说是谁这么大胆，敢深更半夜在宫中大吵大闹，但是从床上坐起来稍微清醒一下，才听到外面的声音很不对劲啊！外面似乎在搞叛乱，有人冲进宫中来了。

吴曦从床上一个鲤鱼打挺，还来不及穿衣服，穿着睡衣光着脚就冲到了门边，他相信要是以这个速度参加比赛，博尔特肯定就只能排在第二了。

他打开门，正好见李贵气势汹汹地过来，哥们儿，你这是干什么呢？吴曦也想缓和一下，看有没有第二条路选择。李贵既然能冲到寝宫这边来，就证明前面的守卫已经被消灭干净了，或者说是跑光了，现在根本没有人会过来救他。

干什么？取你狗命！李贵说。大家有事好商量，都是文明人，何必动刀动枪呢，让别人看到了多不好啊！还以为是在私下斗殴呢！其实我们不过是闹着玩，是吧！

谁跟你闹着玩，今天来的目的就是剁了你的狗头，你竟然敢反朝廷，我看你是活腻歪了。

好商量、好商量，我中央银行里面还有几百万的存款，你要是放过我，就全都是你的了。还有，我在郊区还有几栋别墅，你要是放我走，我保证都给你，你考虑一下，现在房价这么高，买房也不容易。吴曦开始提出自己的条件，就趁李贵分心的一刹那，吴曦从门边的空隙处跑出房间。李贵往上追赶，不杀吴曦，今晚的一切都完了，让吴曦跑出宫中，那么今晚参加平叛的人都要死。

他右手搭上吴曦的肩，谁知吴曦竟然来了一个擒拿招式，一下

子就将李贵甩了出去。李贵跌倒在地，半天都不能起来，他没有料到，吴曦的力量竟然这么强大。

就在吴曦以为摆平了李贵准备逃跑的时候，李好义带着王换正好赶过来，看着吴曦这么厉害，李好义壮着胆子和王换一起上。

王换出其不意，抡斧砍中了吴曦的腰，这一下就是致命的伤，虽然没把吴曦当即砍死，但是他已经没有逃跑的可能了。他双手捂住腰，本来还想和李好义讲条件，却被后面的李贵跳起来，一刀把他的头给砍了下来。

吴曦挂了，今晚的任务差不多算是完结了，接下来要做的事情就是顺便做掉吴曦的老婆、儿子还有吴曦的亲信们。当晚，众人就将吴曦的一家全都杀了，还有他亲信的家人全都斩首，斩草要除根，这是造反与平叛的一个潜规则。

随后，安丙被属下人推举为四川宣抚使，上任之后他很快给朝廷上书四川这边的情况，并为参加叛乱的同志们请功。

2. 畅快除奸、挥师北上——为国建功、死于征途

平叛成功之后，杨巨源和李好义分析了一下军事形势，认为金人势力强盛，襄阳战场和淮东战场上的军事形势严峻，如若四川不出兵牵制，则南宋危矣。二人忠心为国，于是建议安丙派兵北上。

于是安丙和大将们商定，李好义收复西和州，张林和李简收复成州，刘昌国攻取阶州，孙忠锐由凤州攻大散关。

其实这个行军计划唯一的反对声音来自王喜，前面已经说过，

他是吴曦手下的一名统制官，他也站在了平叛的一边。

第一战是孙忠锐由凤州进攻大散关，金人没有想到宋朝的这群叛乱分子刚刚把吴曦做掉就北上了，任何一个脑子正常的人都不会这么做。再加上吴曦称蜀王归降金人之后，金朝在川陕地区也没有留下多少军马，宋军的北上打了他们一个措手不及。

孙忠锐进攻大散关，第一战并没有发挥宋军的优势，反倒打了一个败战，没能拿下大散关。统领关强德出其不意带着部队绕小道进松林堡，以松林堡为基点进攻大散关，孙忠锐在前面配合，一举拿下大散关。

庸将攻城后的第一件事就是看城里面有没有什么值钱的，这次战争拿下了什么，有多少东西是可以首先拿到自己的家中检验一下的。谁知孙忠锐是一个巨贪分子，攻下大散关之后，所有的战利品他都搬回了自己的家中，说是这些战利品对同志们没用，我就当收破烂，自己收了。战士们全都寒心，为了将战利品以最快的速度运回去，孙忠锐很快就退出了大散关，只留下手下的统领陈显和部分兵力守卫大散关。

但是陈显和孙忠锐一样，都是庸将，刚刚打回来了的大散关很快就被金人攻陷。这样的变故让安丙很是不爽，他还指望着能够通过四川前线的胜利消息让自己去中央宰执部门上班呢，怎么能容许失败发生。所以，安丙打算治一下孙忠锐。这个时候，杨巨源恳求重新带兵收复大散关，安丙也就顺水推舟，让朱邦宁带两千兵助他。

听说安丙派杨巨源前去收复大散关，退回到凤州的孙忠锐也没怎么怀疑，只要安丙不再派他去就行了。整天在凤州喝着小酒、

听着小曲，晚上还有小妞，他怎么舍得离开凤州这么好的一个地方呢。

不过杨巨源来到凤州之后，照理他是应该出去迎接的，至少应该请杨巨源吃顿饭喝点酒。于是他就去迎接杨巨源，谁知才刚刚和杨巨源握手，说一路辛苦的时候，从杨巨源身后跃出来十几个兵士，将他砍死。他到死都还没明白，这到底是怎么回事？你说你杨巨源不愿意和我一起吃饭喝酒也就算了，也没有必要杀人吧！

朝廷的嘉奖令颁下来，获得最大嘉奖的是安丙，他被加为端明殿学士、中大夫、知兴州、安抚使兼四川安抚副使，杨巨源仅仅被任命为一个小小的通判。

如果颁奖令就只有这么多，杨巨源也就不会太生气，他生气的是王喜竟然被任命为节度使，这一点他很不能理解。看样子是安丙在请功书上做了什么手脚，安丙想要请功、邀功，所以把杨巨源和李好义的名字都没写上，这一切的功劳也就名正言顺的是安丙一个人的了。

安丙这是欺骗朝廷的行为，让所有参与平叛的义士都寒心。大丈夫能屈能伸，但也不能畏首畏尾，他必须上书中央，申明情况，还四川义士一个清白，为所有义士请功。

他去兴元都统制彭辂那边将事情说明白，说是我这奏章上都是参加平叛人的姓名，希望朝廷能够意思一下，底下的人都不容易啊！

彭辂和韩侂胄有直接的联系，所以杨巨源才想到找彭辂帮忙，让他把奏章传给韩侂胄看。彭辂表面上答应说是没问题，兄弟，大家都是同事，你这么大的功劳朝廷肯定不会埋没你的，你就回去等

好消息吧！

谁知道彭辂却将杨巨源写的这奏章交给了安丙，里面对安丙多有贬义之词，让安丙看得很不爽。

杨巨源的这个奏章自然无法上奏朝廷，杨巨源反而因此丧命。彭辂顺应安丙的意思，说是杨巨源和他的两个亲信米福、车彦威要谋反。安丙一句话，严肃办理。

全力办理这件事的是王喜，王喜之前也和杨巨源因为北上的事情有过那么一点儿过节，手下自然不会留情。也不管三七二十一，派人将米福和车彦威抓到了劳改所，一阵痛打，硬是让他们两个承认了有谋反这么一件事。可是就是抓不到杨巨源的把柄，要杀他也没有什么借口。

安丙手下的一员正将陈安就告诉他说，杨巨源还在搞地下工作，他周围集结了几百个死士，准备趁您不备的时候，伤害您。安丙更加怕了，赶快的，找一切理由把杨巨源给拿下，给去掉。

机会就这么来了，杨巨源在凤州还在准备着收复大散关立功，他根本不知道在大本营已经发生了这么多的事，主帅安丙想要做掉他。他还在冒用安丙的名义给大散关的金将发离间信，并许诺金将过来投降的话他可以担保一切，也就是说他在没有经过安丙的许可的情况下，冒用安丙的名义，并且用了官印。这属于侵犯个人名誉权，是要负法律责任的。

杨巨源一心为国家，他原本以为安丙不会在这件事情上反对他。但是，他错了。

这就是机会，传到安丙的耳里，他高兴了。于是他下命令让杨巨源回来，说是大本营里面有事情要和你商量一下。杨巨源有点

儿怀疑，是不是安丙已经知道了自己写信上奏的事情，回去会不会有危险呢？他属下的梁泉主簿岳成告诉他说，没事，你就安心地回去，安丙不敢拿你怎么样，他要是动你，朝廷也不会放过他。杨巨源一想，有道理，怎么说自己在平叛的过程中功劳是最大的，安丙能把自己怎样？他安心地回来了。再说，你安丙就是想把我怎样，我也不会怕你。

安丙也不好自己出面做掉杨巨源，于是让彭辂去办理这件事。所以当彭辂下请帖请杨巨源来府上喝酒的时候，杨巨源一点儿防备都没有。

但是，杨巨源却在彭辂府中被擒住了，以莫须有的罪名囚禁起来。

最后，安丙又以莫须有的罪名将杨巨源杀害了。

据史料记载，杨巨源死后，忠义之士都为之痛哭流涕。

李好义和杨巨源一样，性格都太直，不懂得迂回，明知道安丙是一个老奸巨猾的家伙，即使有什么不满也不要让安丙看出端倪。可是这两个大老爷们不懂得这些，性格最深处的嫉恶如仇让他们付出了血的代价。

当天杀掉吴曦之后，李好义一伙人就聚集到了安丙的家中，当时王喜就在，王喜找机会就想杀掉李好义，因为人多，事情最终还是没弄成。可是王喜和李好义的仇算是结上了，因为王喜是吴曦的亲信，平时和吴曦关系特别的好，好朋友被杨巨源和李好义给做掉了，王喜心里肯定很不爽，怎么说也要报这个仇。所以当杨巨源和李好义都表示要北伐的时候，王喜是不怎么乐意的。

经安丙同意，李好义带兵攻西和州，李好义也是一个不怎么怕

死的人，接到命令之后就召集上次参加平叛的忠义人士与官军，马不停蹄地进军西和州。他要以最快的速度拿下西和州，缓和朝廷在淮东和襄阳的压力，为国建功。

因为李好义在平叛的过程中已经积攒了名气，所以这次攻打西和州的时候就有很多义兵过来帮忙，李好义以最快的速度拿下了西和州。他以宣抚司中军统制为西和州的知州，刘昌国来到西和州听李好义的节制。

问题就来了，刘昌国是王喜的死党，这次来的目的就是杀掉李好义。李好义也没什么防备，想着自己是西和州的老大，没有人敢对自己怎样，况且西和州到处都是自己的人。

这一天，刘昌国准备了好酒请李好义过去叙叙，其实两个人之间也没什么交情，刘昌国是宣抚司那边派过来的人，李好义心怀坦荡，也为了不在表面上得罪他，于是就去赴宴。两个人倒是聊得蛮痛快的，刘昌国已经在李好义的杯子上下了毒，只等毒发作了，两个人谈论国家大事和国家的政策谈了整整一个晚上，当然少不了的是酒。

第二天，李好义出现了心脏病，死了。

拾柒：王著
——为国为民　刺客之大者

“造铁锤，杀奸贼！造铁锤，杀奸贼……”一个低微的声音附和着兵器的声响。一个男人穿着单薄的衣服，在一个小草屋里打造着铁锤，听他的口气，估计是要造反了。

此人名叫王著，是元朝的一个中级官员，有千户头衔。这头衔，按照现在的算法，差不多应该是团长或者是旅长级别。一个政府官员，为何深夜打造兵器，他想干什么？谁又是他口中所说的奸贼呢？

▶前　言

南宋晚期，政府高层经过激烈的商讨，最终忘却“唇亡齿寒”的教训，决定与蒙古结盟，共同灭金。

1234年，宋蒙联军猛攻蔡州，金哀宗自杀身亡，金朝灭亡。宋蒙之间本以订立盟约，规定了各自的占领地。但是宋朝的官僚层完全得意忘形，希冀建立盖世功业，将中原领土全都收回来。于是，宋军在几位名将的带领下，搞了“端平入洛”。

从1234年开始，宋蒙之间一直大战不断。但蒙古人奇怪的是，他们的铁骑横扫整个欧洲，所向披靡，但是对付一个军力不振的南宋，却用了几十年。直到1276年，南宋政府才宣告投降，但南宋的真正灭亡，还要推迟三年。

正是因为这样，所以蒙古人才会对南宋的汉人，怀恨在心。在一统天下后，在人的等级分类上，将南宋的汉人定为最低等。

因此，作为元朝的一等人——蒙古人，欺负境内的汉人是很正常的事情，随意打杀汉人。故而，境内有良心的汉人便会奋起反抗，为同胞谋求利益，提高汉人的地位。

另一方面，因为长年的战争，拖垮了蒙古的经济，故而统一天下后，为了支持庞大的财政开支，忽必烈大肆重用经济大员，为帝

国敛财。这样下来,经济大臣不仅自身贪污,还会在敛财过程中,形成自己的圈子,成为帝国的毒瘤,伤天害民。

这样下来,元帝国的汉人百姓便处在水深火热当中,必须有一个人站起来除掉帝国的毒瘤,稍微缓解汉人的压迫。于是,王著站了出来。

王著(1254—1282),汉人,是一名低级军官,行刺之前的事迹不可见。

▶Part 1

贪污腐败、败坏国政
——侠义之心、运筹帷幄

阿合马凭借手中的权力，一手建立起了服务于自己的关系网，而忽必烈自始至终都蒙在鼓里，他要的只是一个为他敛财的人，他不在乎阿合马拉帮结派，反正阿合马不会威胁到他的权力。

阿合马的嚣张气焰，让储君真金太子很是不满，但碍于父皇的保护，真金太子并没有和阿合马翻脸，不过，他对阿合马早恨之入骨。

1. 私造兵器、隐忍未发——时机未到、能屈能伸

“当当当……”黑夜中，一个声音在旷野上响起，是有人在练兵

器？可是，深更半夜，是谁不眠不休在打造兵刃呢？国家不是明文禁止过民间私藏兵刃吗？是谁这么大胆，私造军火？

“造铁锤，杀奸贼！造铁锤，杀奸贼……”一个低微的声音附和着兵器的声响。一个男人穿着单薄的衣服，在一个小草屋里打造着铁锤，听他的口气，估计是要造反了。

此人名叫王著，是元朝的一个中级官员，有千户头衔。这头衔，按照现在的算法，差不多应该是团长或者是旅长级别。一个政府官员，为何深夜打造兵器，他想干什么？谁又是他口中所说的奸贼呢？

他口中所说的奸贼乃是当朝炙手可热的宰相阿合马，阿合马到底做了什么，竟让王著如此深恶痛绝？

他有十足的把握杀此奸贼吗？他将生死置之度外了吗？

2. 贪污腐败、举国皆恨——元朝史上、最大贪官

阿合马，回回人，差不多就是现在新疆地区的维吾尔族人，在元朝维吾尔族人和其他西北的少数民族人都被称为色目人。成吉思汗和他后来的子孙们将境内的人分成了四类，按照归顺蒙古政府的先后来分类的。分别是：蒙古人、色目人、汉人、南人。汉人和南人的区别就是，汉人是原先在金朝统治下的人，南人就是原先在南宋统治下的同胞们。元朝政府为了惩罚抵御最长时间的南宋人，特意将南宋人的等级划为最低。

历史对阿合马进元朝政府为官之前的事迹并没什么记载，估

计阿合马在这之前应该是一个饱读诗书的地方小官，或者是一个相当有头脑的商人。总之，他刚进入政府，忽必烈就给了他一个部级干部的官，将帝国的经济大权分了一半给他。

忽必烈之所以要提拔一个没有名气的官员掌管经济，主要是因为他缺钱。元朝这个国号是忽必烈在 1271 年所改，之前一直沿用的大蒙古国国号。蒙古人打了几十年的战，没有钱了，他们需要钱。而且忽必烈建立大元之后，征服南宋王朝只不过是时间问题，他需要有足够的钱来保证新政权的运作和军队的征战。

阿合马掌管帝国的经济大权之后，开始实行经济改革，把一些私有企业全都转化为国有，国有企业掌握国家的经济命脉，盐铁国有等。

同时，他开始加税，主要是收企业的税，收地方有钱人的税，当然老百姓的税也增加了。

他掌管经济仅一年的时间，国库就充实了许多，这让忽必烈相当高兴，他将阿合马的权力更加提升，全国的经济都让他掌管。

他的经济政策被证明是有效的，至少在忽必烈看来是有效的。他执行的是富国弱民的政策，他只需要对忽必烈一个人负责。

在国库逐渐充实的大好形势之下，忽必烈大为高兴，任命其为平章尚书省事，成了元帝国的宰相。阿合马在上朝的时候也有了宰相的谱，敢于和当朝的元老们叫板了，例如史天泽。

因为阿合马的经济政策不仅让老百姓受损，让官僚层也觉得不爽，史天泽等元老们经常在朝廷之上质问阿合马，可这个商人出身的宰相一点儿都不害怕征战沙场的史天泽，两个人经常在朝廷之上争得面红耳赤。这也让忽必烈很爽，因为这显示臣子们并没

有拉帮结派，也说明阿合马不依附权贵，他怎么看阿合马都顺眼。

阿合马是掌管经济的人，家里自然也没少从国库里捞钱，贪污是官之本色。如果一个官不贪污，那么他肯定会出名，就如前包拯和海瑞，这两个人之所以在历史上留名，就是因为他们的不贪污是鹤立鸡群，少之又少，才会被大肆渲染，以致被历史铭记。老百姓们因为喜欢清官，所以喜欢将他们拿在嘴上说。

阿合马家里的房产地产没少搞，各种经济项目的立项，背后都有阿合马或者其家族的身影。又加上他是尚书省的老大，是皇帝身边的红人。所以在选官方面，阿合马就极力将自己的人安插在各个部门，以图建立稳固的阵线，确保自己永远立于不败之地。

领导人就怕属下的拉帮结派，你说，如果其中的一人出了问题，牵扯出一群人，那么国家必然大乱。有时候领导人为了维持国家的稳定，只能容忍其中的小部分人继续尸位素餐，只是因为投鼠忌器。这也是为什么当官的都喜欢结党营私，这也是当官哲学，没有后台，在官场永远都混不下去。

阿合马凭借手中的权力，一手建立起了服务于自己的关系网，而忽必烈自始至终都蒙在鼓里，他要的只是一个为他敛财的人，他不在乎阿合马拉帮结派，反正阿合马不会威胁到他的权力。

阿合马的嚣张气焰，让储君真金太子很是不满，但碍于父皇的保护，真金太子并没有和阿合马翻脸，不过，他对阿合马早已是恨之入骨。

▶Part 2

为民除害、死而何憾
——巨害已除、死而无憾

慌乱和惊恐的阿合马并没有察觉到这些变化，他这么一个精明的商人，竟然连最大的漏洞都没有看出来。皇太子在轿子里面拼命地骂阿合马，差一点儿就骂了阿合马的祖上。阿合马点头哈腰，还表示太子骂得对，骂得好。他心里还在盘算着，你小子也就是趁你老爸不在，能嚣张会，我也就让你嚣张会，等你老爸回来了有你好看的。

1. 真假太子、发号施令——妙计连连、待鱼上钩

就在 1282 年 3 月，形势急变，那个在半夜里打制铁锤的有点儿

"神经病"的男人出现了，他最近很是活跃，经常和一个光头和尚在一起商谈着什么。

而这光头和尚也不是什么好人，经常拿一些无中生有的法术骗良家妇女，搞一个和尚行头，更加具有欺骗性，少妇们更加容易上当，他也容易得手。后来他躲情债来到了军中，说是有什么秘密的法术，保证兵哥哥们都没见过。最后证明一切都是扯淡，并没有什么法术。

可是，当兵的就没这么好糊弄和欺负了，他们都是出生入死，拿命在刀口上讨生计的人，怎么能受得了一个和尚的忽悠呢。所以一伙人叫嚣着要把这和尚给阉了，然后把他扔到青楼去。

这和尚一看势头不对，提前逃跑了，并且还把他的徒弟杀了，试图蒙混过关。这和尚名姓高，他已经走投无路了。

就在这时，王著出现了，他对高和尚说，你来，跟着我干一票，保证你以后不用出一些鬼点子骗良家妇女了，荣华富贵保证你有。

高和尚一听，这事情有搞头，所以就死心塌地跟着王著混。

当然，王著是大公无私的人，他是一个汉人，眼看着阿合马的经济改革把天下弄得乱七八糟，老百姓的日子一天不如一天，可是政府的剥削没完没了。如果不早点除掉阿合马，老百姓就没什么好日子过。但是干这种恐怖袭击的活儿，只能找一些不怕死或者别无选择的人。而高和尚正好符合这么一项条件，刺杀计划慢慢展开。

王著在刺杀之前，做了大量的准备工作，包括阿合马的亲信有哪些，阿合马和谁有矛盾。最终，王著总结出来，阿合马最大的敌人就是真金太子，如果他们利用真金太子将阿合马骗出来，就有可

能杀死阿合马。

根据现有的史料，分析不出来王著的私心。或许可以说，王著在杀阿合马这一件事上，完全是大公无私的，通过正常的手段无法扳倒元帝国的这个祸害，那就通过刺杀的方式，他亲自做刺客。

行动的具体事宜由王著策划，其他的敢死队员奉命行事便可。正好 1282 年 3 月，忽必烈和皇太子去上都主持政事去了。上都是蒙古人的立国根本，蒙古最中心地带，安抚好上都周边的蒙古人，是蒙古历届大汗的责任。忽必烈也是很侥幸才得到了汗位，如果他在经济发展上，不倾向于上都的话，就有可能导致根据地的蒙古贵族们叛乱。因此，忽必烈创造了每年都要去上都居住的传统。

忽必烈和皇太子都走了，京师做主的就变成了阿合马，他是忽必烈最信任的财政大臣。但他绝对没有想到，正有几十个不怕死的人在此时向他发出了挑衅。

那一天，王著纠集八十多个敢死队队员，连夜进入京城，他们要趁忽必烈和皇太子没回来的时候，做掉阿合马。

王著让高和尚派遣两个同门（也就是和尚）去中书省先去释放一点儿烟幕弹，看中央会不会上当。他让和尚说，他们两人是真金太子派回来的，太子准备在京城做一场佛事。

中书省的人并未相信，头上没毛，说话不牢，你们两个死光头当我们这些中书省的人都是傻子？好歹我们也是读了几十年书才进入公务员行列的，怎么能让你们忽悠了去。他们捉住了这两名僧人，反复拷问（当然，他们不敢用刑，万一真是真金太子派来的，他们的前程算是完蛋了）。

这两名僧人是立了军令状才过来的，他们打死都不改口，坚持

说是真金太子派过来的,中书省的人要是不信,他们就只能回去请真金太子亲自过来了。

中书省的人还是不相信,于是继续扣留两名和尚。王著见一计不成,便采用另一套刺杀计划,让皇宫内的一名小总管太监去枢密院见枢密副使张易,大意就是说,皇太子突然返京,让张易当天晚上就去接驾。

张易是一个没什么脑子的官员,过来传令的是宫内的一个有名的太监,不能不相信。他当即命令指挥使颜义发兵,前去迎接太子回京。

枢密院都发兵了,王著的计划已经成功了一半,于是王著亲自去见阿合马,阿合马是京城的老大,王著作为一个千户去见他也是合情合理的。王著告诉阿合马,皇太子返京了,今天晚上文武百官都要去东宫接驾,否则后果自负。往往后果自负这四个字能把一堆人吓得趴下,很多人也都是死在了后果自负之上。

王著是有军衔的人,阿合马没有怀疑王著说的话,他不相信有人敢拿这种事开玩笑,这是要掉脑袋的事。谁知,王著早已经将生死置之度外,觉得掉脑袋就是碗大一个疤的事,并没有什么可怕的。杀阿合马是为国除害,什么代价他都愿意付出。

阿合马当即派遣右司郎中脱欢察儿随王著去接驾,出尚书省,往北行十余里,就看见了"真金太子"一行,当然,气势威猛的八十多人,其实是清一色的杀手。

假真金太子坐在轿子里面始终都没出来,右司郎中脱欢察儿刚见到太子的大部队就跪在了地上,露出了奴才的相,表示自己罪该万死,接驾来迟。罪该万死,那正好,那就赐你死。八十多人一

下子就把脱欢察儿和他属下的人全都做掉了，顺便抢了他们的坐骑，浩浩荡荡向东宫进发。

2. 引蛇出洞、毫不留情——临危不乱、笑看生死

有一群人正在东宫门前焦急地等待，为首的正是阿合马。阿合马和百官见太子的队伍来到了东宫，都赶忙上前接驾。谁知太子还是坐在轿子里，不肯出来，说话也有了变化。

慌乱和惊恐的阿合马并没有察觉到这些变化，他这么一个精明的商人，竟然连最大的漏洞都没有看出来。皇太子在轿子里面拼命地骂阿合马，差一点儿就骂了阿合马的祖上。阿合马点头哈腰，还表示太子骂得对，骂得好。他心里还在盘算着，你小子也就是趁你老爸不在，能嚣张会，我也就让你嚣张会，等你老爸回来了有你好看的。

这时，王著走过来，扶起阿合马，所有的人也都认为这个千户过来是安慰阿合马，或者是套近乎。但是，没有人想到。就在这时，王著突然从袖子里面掏出一个铁锤来，一铁锤就击中了阿合马的脑袋。阿合马当场脑浆迸裂，还没来得及闭眼睛，就断了气。

这是一个聪明刺客所为，如若凭借王著单个人的武力，就算是他再怎么厉害，也不可能杀得了阿合马，甚至连近阿合马的身都难。可是王著是一个聪明的刺客，他懂得，一个好的刺客，并不是全靠武力。

阿合马被王著不费吹灰之力杀死了，王著杀起了兴致，他一下

子要将他认为的奸臣全都杀掉，为老百姓们出一口恶气。他厉声将尚书左丞郝祯喝出来，历数他的罪状：以公谋私，贪污巨款，包养情妇，结党营私，将亲人全都安排在事业单位供职，等等，说完后，王著又是一铁锤，一个尚书左丞又没了。

杀了郝祯之后，王著算是杀红了眼，又杀了好几个贪官奸臣。他已将生死置之度外，他清楚，今天是他唯一能为民为国除害的机会。群臣都黯然失色，哑口无言。他们都不明白，真金太子这是干什么，无缘无故从上都跑回来杀人干什么？难道这是皇帝的意思？但是，如果真是皇帝的意思，这也应该在朝廷上宣布啊，怎么在东宫门前杀人呢？

群臣面面相觑，却不敢低头私语。

就在这时，尚书张九思看到了一个和尚，然后他联想起最近京城有关和尚的传闻，终于意识到这不过是一个骗局，轿子里面坐的根本就不是真金太子。

"骗局，轿子里面不是太子，他们是假的，来人啊，谋反了。"张九思这么一叫，群臣如醍醐灌顶，猛然醒悟过来。都站起来跑开，此时留守司达鲁花赤（元朝一种官）博敦带兵杀了过来。八十多名敢死队一哄而散，轿子里面的人立刻被乱刀砍死。高和尚见势赶忙逃离，而刺客王著却站在路上动也不动，笑对眼前的一切。他临危不惧，笑对生与死，他的刺杀行动成功了，他没有什么可留恋的了，他也不想跑。况且，元帝国是有法律的，他杀了人，当然要为杀人买单，纯爷们是敢作敢当的。

王著被捉住，高和尚虽然溜得很快，但还是被京城周边的警方逮住，移交中央。

王著和高和尚被押着游街示众，然后杀于闹市。王著临死之前大呼："我王著为天下除害，今虽死，有朝一日，史书上必会记我王著的侠事。"看样子，王著不仅仅是一名优秀的刺客，他还是一个具有相当历史眼光的军官。他的死唤醒了忽必烈，也为元帝国除去了一个巨贪，这是值得的。他以一己之身，为天下换得几分安宁，必为历史铭记。

阿合马死后，忽必烈刚开始哭得死去活来，以后他就不能乱花钱了，因为为他挣钱的那个人被人刺杀了。后来当得知阿合马是一个巨贪，而且各个行政部门都布有他的亲信之后，忽必烈又大怒。掘阿合马的墓，鞭其尸，并且示众于通玄门，并且还放狗撕咬其肉。阿合马算是死不瞑目了，而侠士王著却含笑九泉了。

拾捌:张汶祥
——二十年后又是刺客

张汶祥,其人生平不详,只知道这一刺成名,填补了整个清朝刺客行业的空白,给日落西山、沉闷的刺客行业带来了一线生机。

张汶祥扬名立世了,可就苦了马新贻,他都不知道自己到底犯了什么事,就引来了刺客。他觉得自己没干过什么坏事啊,他做的所有事情都是本着良心,可是,张汶祥这到底是为哪一出啊。

▶前　　言

张汶祥，出生年不详，来历不明。只知道被其杀害之马新贻是科举出身，刚取得功名的那会儿，一直在地方上做县长，做市长。因为政绩突出，才被中央看中。让他做省长，做完省长，接下来很可能就会调任去中央做部长。本来他在福建那边做省长做得好好的，就在这时，朝廷一纸诏令，让他进京面圣。他没办法，只能撇下地方的公务，去京城。

到了京城之后，掌权的慈禧太后接见了他，并且让官员为他接风洗尘。他感觉到了势头不对，肯定有大事要发生了。慈禧太后一连召见了他十几次，意思就是让他来两江做老大，调查一下湘军阵营。

马新贻一听就胆寒了，这是一个相当棘手的任务，湘军派系控制了两江地区，官场中谁人不知。太后把他推到两江的前线，无非就是让他做炮灰。对于这样一个任命，他极不情愿。但圣命难违，他不接受就是抗旨不遵，他没这么大的胆。

领到圣旨之后，他感觉到了此行的危险，特意回了一趟山东老家，和亲朋好友拜个别，这一去或许就不返了。他去祖坟上和宗祠里烧香，把老祖宗几十年需要的香都烧上了。然后，告诉兄长们，

如若我回不来了,你们以后就在家老实点儿,千万不要去查我是怎么死的。马新贻是一个绝顶聪明的人,他已经看到了将来。

而曾国藩此时被从两江任上调走,去当直隶总督。直隶总督是各个总督中最牛的一个职位,但是清廷任命曾国藩为总督,无非是想将曾国藩从他的势力范围内调出来,让中央的人打进他的势力范围,逐渐瓦解湘军阵营。对于中央的安排,曾国藩并没有反对。曾国藩是中国历史上罕见的聪明官员,他深通为官哲学。他也知道,历史上那些功高盖主的人都是什么下场,他不想死得很惨。所以,他乖乖地从两江任上离开,去慈禧太后能掌控的地方上班。

▶Part 1

血溅督府、刺客未逃
——神秘刺客、甘愿待罪

刺客到底是怎么进来的？没有人知道。可这个刺客还和一般的刺客不同，他刺杀任务完成后，不仅不跑，还举着刀嚣张地喊："我是刺客，我叫张汶祥。"所有的人刚开始还以为他是一个疯子，哪有这样的刺客？

可是，张汶祥并不是一个疯子，他是一个刺客，一个卖命的刺客。

1. 总督府案、神秘刺客——刺杀成功、却未出逃

同治九年(1870)七月二十六日，两江总督马新贻刚刚参加完两江的阅兵仪式，准备返回衙署办公。前后跟着大批的随从和保

镖,本来这种阅兵的地方刺客是不敢来的。即使进来了,也出不去。可就在这时,一个刺客从马新贻的右边偷袭过来,一刀插进了马新贻的右肋,深入心脏,没得治了。

刺客到底是怎么进来的?没有人知道。可这个刺客还和一般的刺客不同,他刺杀任务完成后,不仅不跑,还举着刀器张地喊:“我是刺客,我叫张汶祥。”所有的人刚开始还以为他是一个疯子,哪有这样的刺客?

可是,张汶祥并不是一个疯子,他是一个刺客,一个卖命的刺客。

刺客与刺杀对象之间不需要有什么仇恨,刺客杀人有时不需要理由。当然,刺客也不会犯贱,拿杀人当游戏玩。历史上真正有名的刺客,都是纯爷们,不会干这种无聊的事儿。他们只会在四种情况下杀人:第一,士为知己者死;第二,有主人的命令;第三,报答主人的恩情;第四,为了钱。

像张汶祥这种,杀了人不跑,还主动留下来等死的刺客,估计是这四种情况的综合。

张汶祥,其人生平不详,只知道这一刺成名,填补了整个清朝刺客行业的空白,给日落西山、沉闷的刺客行业带来了一线生机。

张汶祥扬名立世了,可就苦了马新贻,他都不知道自己到底犯了什么事,就引来了刺客。他觉得自己没干过什么坏事啊,他做的所有事情都是本着良心,可是,张汶祥这到底是为哪一出啊。

▶Part 2

必死之心、必死之人
——二十年后、还是好汉

阅兵完毕之后，马新贻在随从的拥护下，往衙署走。在这时，张汶祥挺刀而出，对准马新贻的右肋刺进去。见马新贻当场毙命，张汶祥举着大刀自首，并大声喊出了自己的姓名。

张汶祥被带进了死牢，在审讯中，他一口咬定，这次行刺都是自己一人所为，与他人无关，也没什么后台。他告诉审问官，好汉一人做事一人当，你们都没有必要审我了，直接把我做掉吧！老子二十年后还是一条好汉。像他这种霸气的刺客，在历史上还真是少见。

1. 湘军天下、慈禧隐痛——暗中对峙、擦枪走火

曾国藩,同样是科举出身,不过,他年轻的时候并不是一个十分聪明的人,最多只能算是一个读了不少书的愤青。因为愤世嫉俗,所以年轻的曾国藩基本上没什么朋友,在官场上混得也不如意。

直到洪秀全闹起了太平天国起义,曾国藩才有了施展自己才能的机会。曾国藩回家乡招兵,洪秀全 1851 年在广西闹起义的时候,清朝的八旗子弟兵早就不行了。不说八旗子弟兵,就连绿营兵也都是扯淡的,根本没什么战斗力。因此,面对日益嚣张的起义军,清廷无可奈何之下,只能把中层官员都派往地方,去招兵,以此抵抗洪秀全的太平军。

曾国藩算是带着圣旨回到了湖南老家,刚开始招的兵,都是一些亲戚。渐渐地,参加的人多了,朝廷给的军费多了,曾国藩能招到的人就更加多了。不到一年的时间,曾国藩就组建了一支强大的湘军。

曾国藩有了资本,在和太平军的几次交战中,都取得了不小的胜利。成为全国唯一能够战胜太平军的政府军。

曾国藩的湘军名声越来越响,战斗力越打越强。湘军成了清廷依赖的支柱。不过,曾国藩拿着朝廷的银子去平叛,发展的却是自己的势力。手底下的人基本上都是亲戚,要么就是湖南老乡。近代的中国,湖南出人才,各种人才都有。湘军成了曾国藩的私人

军队。

1864年,曾国藩的弟弟曾国荃带着湘军攻进了太平天国的老巢——南京。湘军士兵对南京城大肆抢劫,金银珠宝不计其数。抢完之后,曾国荃还命人将天王府放了一把火,将他的犯罪证据销毁。

曾国荃的部下在一夜之间全都发了洋财,都成了暴发户。暴发户的第一个特点就是,有钱了马上买房。一下子两江地区的房价就被曾国荃一伙人给抬高了。

慈禧太后又不是傻子,她清楚,南京长毛总部一定有不少的金银珠宝,战争都结束几个月了,曾国藩似乎一点儿上交的意思都没有,而且还上呈奏章说,天王府被大火烧了,什么都没留下。

但是,纸是包不住火的,曾国藩不说,自然有人会说。两江地区也不都是曾国藩的人,也还有朝廷的人。

曾国荃将长毛们留下的金银珠宝,全都据为己有的消息很快就传到了中央。慈禧太后震怒,准备派人前来彻查。不过,曾国藩的一个举动,暂时打消了慈禧太后的念头,曾国藩主动申请裁撤湘军。

对于慈禧太后来说,这是天大的好消息,他担心的就是曾国藩的湘军功高盖主、尾大不掉。既然曾国藩主动提出裁军,她何乐不为。于是顺水推舟,准了曾国藩的请求。曾国藩这是保全曾家和湘军将领的一次忍痛割爱的举动,不过这并不被大老粗曾国荃理解。在曾国荃看来,现在湘军是全国最强大的军队,想要打到京城都可以,何必害怕一个女人?

带着曾国荃的不理解,曾国藩下了大手笔,湘军被裁撤了

大半。

裁军必然会带来问题，这些裁撤下来的士兵怎么办？他们从职业军人一下变成了无业游民，这么大的心理落差，他们受不了。因此，大部分士兵都选择加入黑社会，当兵的加入黑社会那绝对吃香。

曾国藩对于这些人也是睁一只眼闭一只眼，毕竟，曾经他们都是自己的人。

就这样过了几年，慈禧太后的心里还是觉得憋得慌，总觉得两江地区不是自己的了。慈禧太后是一个权力欲极强的女人，她不愿看到任何占地为王的现象。在她看来，曾国藩很明显是在两江地区当了土皇帝。中央的水根本就泼不进，这样下去不是办法。曾国藩能保证自己不造反，但是曾国藩死了之后呢？

因此，慈禧太后准备动手了，首先将曾国藩明升暗降，从两江总督的任上调为直隶总督。同时，将亲中央派的闽浙总督马新贻安插在两江总督任上。

这一人事的安排，老谋深算的曾国藩自然看得出来慈禧太后的意图。不过，他并没有对这一任命提出任何抗议。

1868年马新贻来两江任上后，便开始对湘军派系进行各种打压，当然，慈禧太后是他最直接的后台。直到1870年，两年中，马新贻不仅对湘军的恶劣作风进行整顿，还对复员湘军组成的黑社会团伙进行打压，肃清地方黑势力，搞好两江地区的治安。同时，对于在战争中发财的一些湘军军官们操纵市场的行为，进行大力打击。湘军派系的官员们对马新贻可谓是恨得牙痒痒。可是，马新贻是慈禧太后派来的人，况且老大曾国藩临走之前，让他们千万要

忍，不管遇到什么事情，都不能强出头。

曾国藩读了这么多的圣贤书能忍，可是他弟弟曾国荃忍不住了。他在不同的场合中都说过，想要杀掉马新贻。这些话无意中被属下人听见了，就这样，一场暗杀悄悄生成了。

2. 一人做事、一人担当——二十年后、还是好汉

张汶祥，这个搞不清来历的刺客接受了刺杀任务。他是一个别样的刺客，他故意选择最不好下手的时间去行刺。

那一天，两江总督马新贻在校场大阅兵，马新贻通过上级的安排，早早地就进入了校场，等待在马新贻回衙署的路上。

阅兵完毕之后，马新贻在随从的拥护下，往衙署走。在这时，张汶祥挺刀而出，对准马新贻的右肋刺进去。见马新贻当场毙命，张汶祥举着大刀自首，并大声喊出了自己的姓名。

张汶祥被带进了死牢，在审讯中，他一口咬定，这次行刺都是自己一人所为，与他人无关，也没什么后台。他告诉审问官，好汉一人做事一人当，你们都没有必要审我了，直接把我做掉吧！老子二十年后还是一条好汉。像他这种霸气的刺客，在历史上还真是少见。

两江总督被刺客杀掉了，中央闹腾了，慈禧太后愤怒了，表示一定要严惩凶手。为了维持两江地区的稳定，慈禧太后只得又把曾国藩请了回去。

而这件刺杀案，在曾国藩和中央官员的审讯下，悬疑越来越

多,隐隐约约已经查出了一些人。如果照这样一直查下去,两江地区必然大乱。无论是曾国藩还是慈禧太后,都认为不能再继续查下去了。因此,案件只能草草收场。杀了张汶祥,以算了事。

毫无疑问,张汶祥被杀了。并且将他的肚子剖开,把他的心和肝都掏出来,放在马新贻的灵柩前,作为祭奠。

张汶祥,这个最嚣张的刺客,终于将大名刻在了纯爷们刺客史上。

拾玖:吴樾
——纯为民国革命

他们心怀天下,甘愿献身革命。而刺杀这一行业,在清末民国初年,极为兴盛,究其原因,就是因为这一时期的革命思想极其兴盛。加之革命团体还无法与满清军队正面抗衡,只能以暗杀的形式,刺杀满清要员,从而让清王朝陷入恐慌之中。

▶前　言

从1840年第一次鸦片战争开始，中国就进入了半殖民地半封建状态，一直被列强欺负，欧美各国，皆可欺辱中国。腐朽的清王朝面对此一局面，并无改变之良法。1860年，第二次鸦片战争的失败，中国丧失了东北、西北的大片领土，圆明园被抢烧，举国震痛。

若说这些事变还没有完全让国人清醒的话，那么1895年的中日甲午海战，则完全让国人从梦中惊醒。原来清王朝已不再是天朝，而日本也不是什么东瀛小国了。清王朝的老大哥地位完全被撼动，连一个小岛国都打不过了。国人陷入恐慌之中，有识之士有愤而上书，要求清朝改革。

康有为便组织举子们搞了一次“公车上书”，随即在1898年，经过光绪皇帝的批准，康有为与改革派一起，实行“戊戌变法”。但是变法仅维持了百日，便被慈禧等扼杀。立宪派的改革自此在中国行不通。广大的有识之士，能选择的出路便只有革命这一条。

八国联军侵华后，越来越多的年轻学子走上了革命的道路，他们相继出国，有的去欧美，有的去日本。目的只有一个，就是学习西方先进的制度与思想，从而改变古老的中国。

而这些激进的知识分子，先后都进入了革命团体，在革命团体

刚刚组建之时，面对僵而不死的清朝政府，他们只能采取暴力行为。于是，一批批的革命青年，抛头颅、洒热血，只为推翻满清政府，建立共和政体。

这其中，涌现出了徐锡麟、吴樾等英雄人物，他们都是出国留洋，受过先进思想熏陶的知识青年；他们无不对祖国怀有极大的热爱。但是爱之深、恨之切，清王朝已经将中国带进了一个死胡同，必须要下一剂猛药，方能救中国。

他们心怀天下，甘愿献身革命。而刺杀这一行业，在清末民国初年，极为兴盛，究其原因，就是因为这一时期的革命思想极其兴盛。加之革命团体还无法与满清军队正面抗衡，只能以暗杀的形式，刺杀满清要员，从而让清王朝陷入恐慌之中。

面对纷繁复杂的局势，满清政府也意识到，改革势在必行。1905 年，清政府准备预备立宪，于是派遣五大臣出使西洋。而革命青年吴樾，不顾安危，甘愿与五大臣同归于尽。

也是在 1905 年，清朝废除了科举制度，一千多年的选拔人才的制度消失于历史的舞台，成千上万的知识分子失去了出人头地的平台，更多的人走上了反清的道路。革命的力量愈来愈壮大。在此之后，孙中山终于可以团结一支不容小觑的力量，与清政府正面对抗了。

▶Part 1

刺客吴樾、献身革命
——愤青刺客、建立共和

读了这些书之后,吴樾的思想就变得有些极端了,时刻想着搞恐怖袭击,即使是做人肉炸弹也在所不惜。那时候的革命志士,甘愿为信仰献出宝贵的生命,这是生活在和平年代的人难以想象的事情。物以类聚,人以群分,他是一个信仰武装暴动和暗杀的恐怖分子,他的好友圈里面的人也都是"恐怖分子",当然,我们可以称之为革命党人。

1. 年少认知、一心革命——革命组织、经历磨炼

时间:1905 年 9 月 24 日;地点:北京火车站。

这一天,热闹的火车站迎来了几个贵宾——镇国公载泽、兵部侍郎徐世昌、户部侍郎戴鸿慈、商部右丞绍英、湖南巡抚端方。这五个人都是国家的重臣,尤其以载泽的地位最为尊贵。

正因为身份特殊,所以这一天火车站的安检也特别严,到处都是侍卫。这五个人从北京出发,准备从天津乘坐轮船,去欧美各国考察制度。清廷迫于压力,终于准备立宪了。在预备立宪之前,当然还是首先要派大臣们出去考察一下,看究竟哪国的制度是值得清王朝借鉴的。

五大臣的专列是由五节车厢组成的,最中间的一节是五大臣的专座。前两节是随行的官员和侍卫,后两节是行李车厢以及仆人和侍卫们的休息之地。

就在这时,人群中出现了一个眼神游离不定的男人,他左顾右盼,像是在观察着什么。肚子看起来有点鼓,里面像是装了什么东西。他准备往列车上走,不过被守卫在列车周围的清兵给拦住了。因为他并不是五大臣火车五大臣随从的仆人,也不是官兵,不被允许靠近车厢。他看了一眼列车,很快就消失在了人群之中。

很快,他又在另一面出现了,不过这一次他换了服装,再也不像刚才那样,一个讲武堂的学生打扮。他打扮成了一个仆役的样子,手里还提了两个小包。这一次,他顺利地通过了安检,跟随仆役们一起,混上了列车,这个人叫吴樾。

吴樾,1878 年生于安徽桐城,一个充满书香的地方。不过,他家并非书香世家,他老爸是一个普通的老百姓,家里的孩子又多,相当贫困。不过,吴樾小时候还是读了不少书。但他和其他同龄人不同的是,他压根儿就没想过去参加科举考试,这人从小就比较

叛逆，20 岁后，吴樾开始看一些禁书，无非就是一些革命党人写的书籍，一来是反动；二来是这些书籍揭了清政府的老底，说清政府是建立在屠杀大量的汉人基础上的。

读了这些书之后，吴樾的思想就变得有些极端了，时刻想着搞恐怖袭击，即使是做人肉炸弹也在所不惜。那时候的革命志士，甘愿为信仰献出宝贵的生命，这是生活在和平年代的人难以想象的事情。物以类聚，人以群分，他是一个信仰武装暴动和暗杀的恐怖分子，他的好友圈里面的人也都是“恐怖分子”，当然，我们可以称之为革命党人。

他的好朋友就包括：陈天华、蔡元培、秋瑾、章太炎、赵声和张榕等，这些人有事没事就聚集到一起商量着怎么搞起义和暗杀，吴樾和他们谈过之后，往往高兴得夜不能寐。他一直都相信，革命的曙光即将到来，只要他们努力，革命一定会成功。

后来吴樾在好友杨笃生的推荐下，参加了“北方暗杀团”这么一个组织，一听名字就是一个恐怖组织。但是，当时搞革命的前辈们，就喜欢搞这一套，革命嘛，就是革一部分人的命，当然是少不了暗杀的。

在这个恐怖组织里面待了一段时间，蔡元培觉得吴樾不错，有革命慧根，是一个好苗子，值得重点培养。就介绍他加入光复会。

日俄战争时期，这批在日本的革命分子为了抵抗俄国对我国东北的侵占，还特意成立了一个拒俄义勇队，准备连书都不读了，去东北抗战。不过，这一“恐怖组织”并没有得到清政府的许可，组织被迫改名，更名为“军国民教育会”，这名字就听起来温和多了，不知道的人还以为是一个发展教育的组织，谁曾想到，这是一个

"恐怖组织"。

军国民教育组织有几个基本原则,是所有会员都要谨记的。那就是:起义、暴动和暗杀。说穿了,就是搞恐怖活动,闹得越厉害越好。吴樾整天在这个组织里面活动,心里自然也就只会装这些事情,舍生取义就是他的理想。

其实,那时候他想要暗杀的对象只有两种人:一种是满人;还有一种就是替满人做事的汉人。在吴樾看来,这两种人是没分别的,革命要想成功,这两种人都需要干掉。

他在暗杀团里学会了很多技术,他学会了格斗技巧,更学会了制造炸药。后来,他去刺杀五大臣的炸药,就是他和杨笃生一起制造的。

20 世纪初,年老的慈禧太后终于意识到清王朝已经千疮百孔了,再不改革就来不及了。搞革命的人越来越多,喊改革的人也不少。康有为、梁启超这批人整天在国外喊着搞君主立宪,就连满清贵族铁良、端方他们也认为应该立宪,否则后果不堪设想。

清王朝内部已经四分五裂,派系林立,但在立宪这一点上,似乎他们能找到一丝丝的共同点。立宪这一话题被拖了好几年,现在,慈禧终于打算搞预备立宪了。他派几个懂立宪的人去国外考察,当然慈禧派出的这几个大臣都是懂洋务的,他们也是清廷的实力派,改革派,具有一定的远见。他们并不像某些官员一样,打着考察的名号,出去旅游。他们是清廷最有责任感的一批人,所以,考察就真的只是考察这么简单。

但就是这么简单的事,还是出了变故。

2. 刺杀皇亲、人肉炸弹——粉身碎骨、在所不惜

9月24日是他们从北京出发的日子，前来送行的官员络绎不绝，他们也是踌躇满志。待即将开车的时候，他们全都坐到了最中间的那节车厢里面，谈论着他们想象中的欧美各国。他们没有想到，就在这时，一个恐怖分子已经潜入到了火车上，此刻正在第四节车厢。

吴樾上了第四节车厢后，扔下行李，就往第三节车厢里面冲。他这次是抱着必死之心上来的，来之前他还特意与陈独秀、赵声见了面，表示他要来刺杀五大臣。

清廷也是，为了彰显政府已经准备立宪了，并且要派出五大臣出使西洋各国。在报纸上对这件事大肆宣扬，让全国各地的恐怖分子都看到了这条消息，连具体的行程都知道了。加上安保并不是很严，以致给刺杀五大臣的刺客们创造了各种机会。

吴樾在行动之前，还写了一封信给自己亲密的战友——秋瑾，信上说："不成功，便成仁。不达目的，誓不生还。"他准备以自己的肉体，唤醒千千万万的中国人，特别是汉人。希望他死后，能有千千万万个吴樾出现，前赴后继，推翻清王朝。这样的勇气，这份大男子汉气魄，历史上能有几人有？

但是，揣着炸弹的吴樾被五大臣的侍卫们给拦住了，他现在是仆役打扮，而仆役没经过召唤，是根本不能进入第三节车厢的。

"你是什么人？"侍卫问。

吴樾心里那个急啊！他远远地已经看到了五大臣，只要他再往前冲几步，他就能炸死这些满清高贵了。但是，就是这短短的几步路，将他的刺杀行动给阻拦了，他能不急嘛！

“我是泽爷的家丁。”吴樾急中生智说。

“你是泽爷的家丁？你找泽爷什么事？”侍卫继续问，丝毫没有让他进去的意思。

“泽爷家里有急事，我奉命前来。”吴樾还在继续忽悠侍卫。

不过侍卫好像根本就不受他的忽悠，侍卫说：“你等着吧，我先去禀告泽爷。”

吴樾心想完蛋了，让侍卫这么一禀告，自己都还没开始行刺说不定就暴露了。不行，得赶紧行动。就在这时，火车开动了，因为火车突然启动，车子有一个倒退的步伐。吴樾怀中的炸弹没揣好，掉到了火车地板之上。而这炸弹是撞针的，被撞之后，很快就会爆炸。

“嘣！”只听一声山崩地裂，火车被炸开了一个圆顶。刺客吴樾当场被炸得粉碎，围着他的那些侍卫也都被炸死。五大臣们也或多或少都受了伤，只不过没有一人被炸死。

吴樾，这个怀着坚定革命信仰的男人，宁愿牺牲自己，也要唤醒千千万万的中国人。最终，怀揣着炸弹，准备与革命的敌人同归于尽。他因此献出了宝贵的生命，为了革命事业，他肝脑涂地，死而无憾。就凭这份勇气与对革命的坚贞，他就称得上纯爷们。

贰拾：王亚樵
——民国第一刺客

提起斧头帮无人不知无人不晓，但没有多少人知道，斧头帮的创始人是王亚樵。斧头帮一向被人视为一种黑暗势力，专门收保护费、为非作歹的组织。实际上在斧头帮创建之初，王亚樵的目标很明确，就是帮助工人反对资本家，暗杀无耻的官僚。

▶前　　言

王亚樵，又名王鼎，字九光，也被称为王老九。公元1887年9月2日出生于安徽。祖上世代农民，到了他爸爸那一代才开始读书，跟着附近的大夫们学点医术，在乡村里搞了一个小诊所，邻居们有个头痛脑热的经常来找他父亲。不过，这种民间医生的收入很低，况且他爸也不是科班出身，一些高级一点儿的病就治不好了。一家人还是靠种田生存，但是他家的成分没有遇到好年代，他家是一个佃农，靠租种地主的土地维持。

虽然家境贫寒，不过他老爸还是想得比较长远，送儿子读书。因此，王亚樵小的时候也是和同年的孩子一样，读着四书五经长大，读了十几年的儒家经典，然后就去参加科举考试。那时候他的理想无非就是考取一个功名，光宗耀祖。

在读书之余，他也会跟着家周边落魄的武人们学一点儿武术。19世纪末20世纪初是中国最为混乱的一段时期，清朝被洋人打得找不到北，甚至连东洋小国日本人都开始欺负我堂堂中华了。八国联军侵华，让所有的有志之士都猛然醒过来，清朝已无可救药，必须寻找另外的出路。

1905年，清朝废除了科举，上百万的读书人一下子没有了出

路。想想,延续了一千多年的科举制度早已经成为读书人的定式,读好书然后参加科举考试,博取功名,进入仕途,一辈子也就这样过了。即使不能进入官场,博一个功名在地方上的地位也高一点儿。在中国古代,读书人的地位是相当高的。

1905年之后,中国再也不存在科举考试了,读书人读再多的书也没用了,他们不可能通过一场考试就进入官场了。他们觉得是清王朝断了他们的生存之路,因此全都将愤怒转嫁于清朝政府。从那时开始,走上清王朝对立面的知识分子越来越多,革命党在那一年才开始蓬勃发展起来。

王亚樵的思想在那时也发生了转变,他深刻地意识到继续为满清服务是没用的,必须起来革命。他的心灵从小就埋下了仇恨的种子,因为他爸妈是佃农,经常被地主欺负。所以,他对地主和官僚深恶痛绝,这也是他一生都坚定不移地铲除恶势力的深层次原因。

1911年辛亥革命爆发,作为积极分子,王亚樵在安徽响应武昌的辛亥革命,和一批志同道合的人组建了合肥军政府。可是他们组建的不过是一个空头政府,底下根本就没什么部队,没有部队就稳定不了局势。辛亥革命之后,全国各地的军政府泛滥,任何一个小革命党成员都能纠集一批人在自己的家乡成立军政府,宣示革命。

但是王亚樵等人组建的合肥军政府一点儿合法性都没有,甚至没有得到同盟会的批准。因此,当真正的革命党带着部队来合肥的时候,王亚樵一派就和那一派干了起来。王亚樵他们没有什么武器,根本就打不赢,但他们又不想认输。因此,王亚樵就去农

村纠集人马,准备以人多取胜。谁知,王亚樵刚走,合肥军政府就被人端了窝,所有的头头都被杀,只有王亚樵成了漏网之鱼。

通过非法手段进不了政府部门,王亚樵又怕遭到暗杀,因此连夜往南京跑。在南京,王亚樵加入了刚刚组建的中国社会党,成了里面的元老级人物。然后他偷偷返回安徽,成立社会党安徽支部,壮大队伍。不管冒多大的风险,他也要为改变中国的面貌而奋斗。

不过社会党在安徽的活动并不隐蔽,王亚樵还经常在公开场合宣传反政府思想。这让安徽政府当局很是恐惧,将社会党定性为恐怖组织,严厉取缔。王亚樵不得不第二次逃离安徽,远走上海。

▶Part 1

出身贫寒、斧头帮主
——励志奋斗、除贪除奸

杀了徐国梁，就等于断了直系在上海的势力，这让浙江的皖系军阀卢永祥大为高兴，当即命令王亚樵为浙江总队司令，参与直皖大战。而后来赫赫有名的戴笠和胡宗南就是这时候加入了军队，并且和王亚樵成了拜把子兄弟。

1. 坚持不懈、斧头帮主——暗杀军阀、拥护革命

王亚樵到上海之后，就开始了他个人的奋斗史，写出来一定是催人泪下的励志故事。任何人的成功都不是天生的，号称民国第一刺客的王亚樵，刚到上海也是靠做苦力养活自己。有时候只能

睡天桥,连最基本的温饱问题都解决不了。

不过王亚樵说,我虽然很穷,但我很乐观啊!

他的确很乐观,白天在码头做完苦力,晚上还去参加集会,一群社会愤青组成的一个什么党。

上海,十里洋场,这个全中国最繁华的城市,有人能在这里一夜成名,也有名人在这里一夜消失。生与死在上海都相当频繁,在整个中国都破落不堪之时,上海却是一片醉生梦死。无数人揣着发财致富的美梦,来到这个花花世界。

王亚樵在上海苦拼了几年,他加入了国民党,成为正式的会员,他拥护孙中山的领导。同时,他手下也聚集起了一批人,他成了一个小领导。

那时候他想要在上海混出一点儿名堂还真不容易,因为上海滩是青帮的天下,三大巨头黄金荣、杜月笙、张啸林牢牢地把持着上海的黑帮。不过,刚开始王亚樵也没想过在黑社会闯出自己的一片天地,他只想着通过拥护孙中山先生,让他去改变中国丑陋的社会。

但是孙中山在创建黄埔军校之前,也基本上是一个光杆司令,只有一批信仰他的人,他并没有掌握什么军队。袁世凯下台之后,北洋军阀陷入混战之中,尤其以直、皖、奉三系为代表。三系的小军阀分散在全国各地,而上海当时在直系的掌控之下。

1923年出现了直系的曹锟贿选事件,他因为贿选而当了总统,举国哗然。孙中山强烈谴责曹锟无视民主的行为,王亚樵受国民党元老也是他的老朋友柏烈武的指示,在上海纠集一批安徽的老乡和志同道合者,如洪东夷、关芸农、郑青士、刘醒吾、程德源、魏曙

东、邓宏铭、蒋非我、席文翰、郑益庵、丁子谷、殷爱棠成立了斧头帮。

提起斧头帮无人不知无人不晓,但没有多少人知道,斧头帮的创始人是王亚樵。斧头帮一向被人视为一种黑暗势力,专门收保护费、为非作歹的组织。实际上在斧头帮创建之初,王亚樵的目标很明确,就是帮助工人反对资本家,暗杀无耻的官僚。

斧头帮创建之后,王亚樵接到的第一个任务就是暗杀淞沪警察厅厅长徐国梁。徐国梁手下有 7000 名警察,每次出去都会带不少的人在身边,想要刺杀他根本就不容易。但是王亚樵是何等人物,他是斧头帮的帮主,手底下有一批能人义士。很快就摸清了徐国梁的生活习惯,他喜欢去大世界对门的温泉浴室泡温泉,泡温泉的背后有什么,就不用做过多的论述了。

王亚樵立即召集手下的精英,部署刺杀方案,郑益庵、朱善元、吴鼎九等精英都参与了这次行动。

11 月 12 日,众人揣着手枪在温泉浴室门前等待,只等徐国梁一出来便乱枪射杀。徐国梁在温泉浴室里面爽了一晚上,正准备去吃夜宵。谁知,刚准备上车的时候,就看见两个人拿着手枪冲了过来,连发数枪。徐国梁根本就躲闪不及,而一边的警察吓得跑了开去。

见徐国梁倒在血泊之中,王亚樵立刻通知众人速速离开。第二天,徐国梁不治身亡,直皖大战也因为这件事而正式打响。

刺杀徐国梁也是王亚樵第一次以刺客的身份出现,从这之后,这个斧头帮帮主正式走上了刺杀的道路。他固执地认为,这个浑浊的世界只能以暴制暴,没有什么道理可讲。他要杀得贪官污吏、

汉奸卖国贼们胆战心惊,永远都不再干违法和卖国的事。孙中山曾经告诫过他,杀人解决不了根本问题的。不过,王亚樵并没有听。

杀了徐国梁,就等于断了直系在上海的势力,这让浙江的皖系军阀卢永祥大为高兴,当即命令王亚樵为浙江总队司令,参与直皖大战。而后来赫赫有名的戴笠和胡宗南就是这时候加入了军队,并且和王亚樵成了拜把子兄弟。

戴笠后来之所以成为国民党第一杀手,或许是早年受了王亚樵的感染吧!

王亚樵以一个中级军官的身份参与了这次军阀大战,但是他很不幸,他支持的这方失败了。随后他跟孙中山走得越来越近,而戴笠也考入了黄埔军校。

随着孙中山的去世,蒋介石掌握黄埔军校的大权,戴笠成了蒋介石的门生,加上 1927 年蒋介石的发动“四一二”清共,王亚樵和拜把子兄弟戴笠走上了完全相反的两条路。

王亚樵从 1927 年开始坚决反对蒋介石,他可以和任何反对蒋介石的人合作,目的只有一个,刺杀蒋介石。而戴笠,这一生的任务就是保护蒋介石,两大刺客高手慢慢地走向对决。

▶Part 2

反蒋斗士、反日志士
——为国为民、除贪除奸

王亚樵曾经一度还想过暗杀国联派过来的调查团团长李顿，国联针对日本侵占中国东北三省的问题，虽然派出了一个调查团。可是这个调查团根本就一点儿正经事没做，所填写的调查报告对中国很是不利，根本就没有一点儿谴责日本的意思。王亚樵按捺不住愤怒，就想着以极端的手段让国际看看中国人的决心。只不过因为事情泄露，而未能得逞。

1. 反蒋组织、刺客团体——力主抗日、为国除奸

王亚樵不仅暗杀蒋介石的亲信，还不停地组建反蒋组织。1929

年，他就与王乐平、柏烈武等人组成了反蒋同盟。同时联合安徽军阀方振武与常州的余立奎，同时发动起义，推翻蒋介石。只因这个组织里面早就打入政府间谍——赵铁桥。起义还没开始，方振武和余立奎就被政府给扣押了，策划者王乐平被当局杀死，起义不了了之。

王亚樵这人是有仇必报的，王乐平是他的好哥们、好战友，这仇自然不能撂下。况且他是斧头帮的老大，底下有十万信徒，有仇不报非君子。

他立即派心腹王干廷、夏绍恩、费祥元、牛安如前去刺杀赵铁桥。赵铁桥因为平叛有功，已经升任为上海招商局的总办，满以为从此便可好好贪污一把、纸醉金迷了，谁知他已经在无意中得罪了斧头帮。

1930 年 7 月 24 日，四个人坐着小轿车来到招商局的门口，若无其事地聊天，只等着赵铁桥出现。

早上八点，上班的时间到了，赵铁桥这个国有企业的高管还是像平常一样开车上班，刚下车，就有四个男人拿着枪，对着他一阵猛射。赵铁桥还没有明白过来是怎么回事，就躺在了汽车旁边。而招商局旁边巡逻的巡警们都看傻眼了，呆若木鸡。四个男人确定杀死赵铁桥之后，吐了一堆烟圈，优哉游哉地开车离开了。

这件刺杀案惊动了蒋介石，他震怒，要求属下人一定要捉住王亚樵。但是这个像风一样的男人，怎么可能说抓住就抓住呢，那样的话太不符合英雄的形象了。

1931 年，王亚樵的暗杀的对象又多了一个，那就是日本侵略军。1931 年爆发了震惊中外的“九一八”事变，东北三省很快便全

都沦陷。随即,日本人将军队开到了上海,准备一举拿下上海。

蒋介石此时正在忙于剿共,搞内战,根本就没有时间管日本人。所以,他强调“攘外必先安内”,和日本人和谈。

可是王亚樵根本就不吃蒋介石那套,你搞内战关我屁事,但是你作为一个国家的总统,别人都打到国内来了,你竟然还不抵抗?这是什么总统?

王亚樵自己站了起来,号召斧头帮的弟兄都来参战,至少要参与到后勤运输上。日本人发动上海战役之时,驻扎在上海的十九路军在军长蔡延凯和蒋光鼐的主持下,坚决抗战。

王亚樵号召起来的斧头帮弟兄组成了敢死队,后来又改为决死军。但是国民党当局害怕王亚樵的活动,因此威胁抗日军队,如果决死军继续让王亚樵统领的话,就将决死军定为非法组织。王亚樵只能退居幕后,由余立奎在前线指挥。

国民党当局对十九路军的抵抗是持支持态度的,蒋介石心里清楚,中日军力对比悬殊,现在还不是开战的时候。不能名正言顺地和日本人开战,只能先忍气吞声。既然十九路坚决抵抗,那就抵抗好了。

日本人在上海打了个把月,见上海不怕死的人越来越多,而且停泊在吴淞口的“出云号”被王亚樵指使的人,差点儿给炸毁了。上海暂时是攻不下了,就派代表和国民政府洽谈。最终双方签订了和平条约,斧头帮组成的决死军被编入了十九路军。

“九一八”事变后,面对国内的舆论谴责,蒋介石却依然执行我行我素的不抵抗政策。这让太子党的孙科(孙中山的儿子)一下子跃到了历史的前台,他成立广州民国政府,和蒋介石的南京政府对

着干。这让蒋介石十分恼火,命令国民党财政部部长宋子文在经济上死死掐住孙科。

双方决定在上海谈判,宋子文欲赴上海。这一消息让王亚樵欣喜若狂,他现在对暗杀活动越来越感兴趣,杀不了老蒋,杀他身边的人也行,去掉他的左膀右臂。

王亚樵和心腹们在自己的豪宅里开会,探讨刺杀宋子文的方案。会上决定由华克之带着张凤鸣、陈成、张玉华、朱德兴等守在北火车站的月台,龚春浦率刘刚、唐明、龙林、李楷、彭光耀等守在候车室,谢文达带领几人守住车站的大门,里外重重包围,绝不能让宋子文逃脱。

可是当火车到站后,从车上下来了两个气质一模一样,而且穿着和举动也一模一样的人,这些刺客们一下子就傻了,不知道该怎么办了。之前也没商量过出现这种情况该怎么办?时间紧迫,众人一阵乱枪扫射,其中的一个人躲到了后面没有被射击到,另一人倒在了月台之上。为安全撤离,众人急忙离开。

事后才知道被杀死的这个人根本就不是宋子文,而是一个跟班。王亚樵的肠子都要悔青,他差一点就 Hold 不住了。

2. 刺杀白川义则、虹口花园——幕后安排、天衣无缝

战事结束之后,日本军方想要在上海搞一次庆祝,庆祝日本军方所取得的辉煌成就。侵华司令白川义则和日本外向重光葵确定参加这次典礼。此消息一出,举国哗然,日本人侵略中国,最后还

要在中国的领土上搞庆祝活动，这是中国人的奇耻大辱。

王亚樵早就怒不可遏了，后来又听说京沪卫戍总司令陈铭枢，正和十九路军的将领们商量，怎么应对日本人的这次挑衅。最终确立捣毁原则，由中国人在背后支持，朝鲜人出面行刺。

王亚樵负责联系朝鲜革命党人安昌浩，由安昌浩安排人前往虹口公园行刺。最终选定革命志士尹奉吉为刺客，另外再安排两名革命党人去接应。

尹奉吉1932年4月26日才加入"韩国爱国团"，三天后他就接到了行刺任务。为了表示对革命的忠诚，尹奉吉揣着炸药和手枪就来到了虹口花园。当然，过程肯定是惊心动魄的，准备工作也是必不可少的。最终日本陆军将军白川义则被炸死，外相重伤，尹奉吉被抓住，押往日本，判处死刑。

因为这一次的行刺，日本人也知道了王亚樵的名号，从那时开始，王亚樵成了日本军方和蒋介石共同逮捕的对象。可王亚樵像是有鬼神附体般，总是能在最危险的时刻逃脱，一直让国民党束手无策。

王亚樵曾经一度还想过暗杀国联派过来的调查团团长李顿，国联针对日本侵占中国东北三省的问题，虽然派出了一个调查团。可是这个调查团根本就一点儿正经事没做，所填写的调查报告对中国很是不利，根本就没有一点儿谴责日本的意思。王亚樵按捺不住愤怒，就想着以极端的手段让国际看看中国人的决心。只不过因为事情泄露，而未能得逞。

3. 刺杀汪精卫、几欲成功——坚定信仰、始终不渝

接下来王亚樵就该刺杀汪精卫了，他是唯一一个蒋介石钦点的要捉拿的刺客，也是唯一一个让蒋介石头痛的刺客。蒋介石让自己的得意学生戴笠去捉拿王亚樵，可是屡次无功而返。

王亚樵这时候辗转于香港和内地，拼命地游说地方军事首领反蒋，他就游说过李宗仁和白崇禧。不过，这人根本就不答应，复杂的政治不是一个刺客能懂的。

王亚樵见游说无效，就想着趁国民党召开四届六中全会的时候，去会场行刺，说不定能把国民政府的大佬级人物一锅端，想到这里，王亚樵就兴奋得睡不着觉。

王亚樵是一个无政府主义者，把民国当局要员一锅端正好符合他的信仰，反正国民党官员都不是什么好东西。不过，王亚樵都不再亲自参与刺杀行动，他现在身份不同了，他搞搞策划就行了，刺杀是危险的，他这种老大级人物怎么可能亲自出马呢。

经过和华克之等心腹商量后，决定让孙凤鸣、张玉华和贺坡光三人具体实行。因为这三个人都取得了记者证，四届六中全会的时候，他们可以以记者的身份进入会场，然后再行暗杀。

不过国民党的会场安保十分严，进去的记者差不多要被搜查三遍，全身上下地摸。孙凤鸣将手枪藏在照相机里面，那时候也没什么扫描仪、报警器，因此根本就查不出来。

三个人进入会场后，汪精卫虽然到场，但是蒋介石根本就没出

席。三个人等了一阵子，见老蒋就是不出来，由汪精卫主持会议。孙凤鸣不敢再等下去，从照相机里面掏出手枪，对准汪精卫一阵猛射。汪精卫身上立刻出现了三个窟窿，而刺客孙凤鸣也被警卫当场打死。

这件事传到老蒋那里，他气得抓狂，拼命地骂娘希匹。对戴笠表示，王亚樵活要见人死要见尸，这次无论如何也要办成。

4. 民国第一刺客、英魂长存——忠义之士、心怀坦荡

戴笠明白，这次委员长是真的发飙了，如果办不好这次的事，说不定自己以后都没得混了。

戴笠动员手下所有的特务去找寻王亚樵，找到了就格杀勿论，他和王亚樵再也不是什么拜把子兄弟了，道不同不相为谋。

从 1935 年 11 月开始，国民党华南地区的特务差不多都接到了戴笠的命令，戴笠亲自出马，前往香港。但是王亚樵早已经不在香港，而是偷偷到了广西，广西是桂系军阀的地盘，国民党在广西并不敢胡作非为。况且王亚樵在广西有李济深的保护，暂时不会有什么危险。

戴笠通过千方百计终于探到，王亚樵和余立奎的小妾余婉君一直都有联系，而余立奎早在先前就被民国政府从香港引渡回南京，现如今正被国民政府扣押着。

戴笠找到余婉君的住所，通过对余婉君威逼利诱，终于知道了王亚樵在广西梧州。戴笠以交换余立奎为诱饵，让余婉君诱王亚

樵出来。余婉君一心只想着救自己的丈夫，并没有意识到这是一个陷阱，一口答应了戴笠。

戴笠当即命令属下二十余名特务跟随余婉君前往广西梧州。一行来到广西后，余婉君给王亚樵发去了一封帖子，意思就是说自己从香港来到广西了，希望王亚樵过来，商讨一下营救余立奎的方法。

二十几名特务埋伏在了余婉君的家里，只等王亚樵一出现，他们就动手，活要见人，死要见尸。

那天夜里，王亚樵孤身一人来到了余婉君家里，他对余婉君一点儿怀疑都没有，他根本就没有想到余婉君早就被戴笠给控制住。

余婉君的房子并不大，余立奎作为一个带有革命倾向的刺客，并没有多少钱，加上广西老家的房子很多年都没有人居住了，破败不堪。王亚樵只是不明白，余婉君怎么现在回来了，还住在这么一个破房子里面。

王亚樵敲门，没有响应。王亚樵一阵狐疑，很警觉地推门而入。谁知，他的前脚刚跨进门，就有几把石灰向他脸上洒来。他根本就来不及躲闪，石灰洒进眼中，王亚樵无法睁开双眼。直到这时，他才知道上当了。他急忙拔枪，想要制造混乱，趁着混乱脱逃。

而刺客隐藏在房子里面的二十几名特务全都现身，向王亚樵一阵枪击，王亚樵当场毙命。然后又有几个特务上前用匕首刺王亚樵的身子，确保其死亡。最后，将王亚樵的脸皮剥掉，回去领赏。惊恐万分的余婉君还没回过神来，就被乱枪射死。

民国第一刺客就这样死在了几十个小特务的手上。